Collection GIRLS Book

LE PETIT MANUEL des Filles curieuses & débrouillardes

Auteurs : Michèle Lecreux avec Célia Gallais
et Clémence Roux de Luze

Illustrateur : Jocelyn Millet

LAROUSSE

SOMMAIRE

La Cuisine au MIEL

Qu'est-ce que c'est, le miel ?

Ce sont les abeilles qui le produisent. Elles butinent les fleurs puis stockent leur récolte dans les alvéoles de leur ruche. Le nectar va peu à peu se transformer en miel qui leur servira de nourriture. Cette substance composée de presque 80 % de sucre contient également de l'eau, des minéraux et des vitamines. Le miel, mélangé à de l'eau, était déjà utilisé par les athlètes des jeux Olympiques antiques pour retrouver rapidement des forces ! Les vertus du miel sont connues depuis des milliers d'années !

Si cette merveille naturelle peut te faire une belle peau, elle a aussi de formidables propriétés antiseptiques. Le miel aide à la cicatrisation, à l'endormissement, il calme certaines douleurs intestinales, lutte contre le rhume et le mal de gorge.

Recettes sucrées

Pour changer des tartines beurrées au miel, ces recettes vont te donner envie de manger du miel plus souvent !

Le yaourt des Mille et Une Nuits

C'est l'un des desserts les plus anciens et sûrement l'un des meilleurs !

Sers-toi une portion de fromage blanc, de yaourt grec ou turc.

Ajoute 2 cuillerées de bon miel (bio si possible), 1 poignée de fruits secs (abricots, raisins) et fruits secs grillés (pistaches, amandes, noisettes) hachés grossièrement.

Les roses des sables

Dans le désert, ce sont des roches qui ressemblent à un assemblage de pétales de roses. Tout comme ces délicieux petits desserts !

INGRÉDIENTS

- 200 G DE CHOCOLAT DE PÂTISSERIE
- 2 C. À S. DE MIEL
- 150 G DE FLOCONS DE MAÏS

USTENSILES PARTICULIERS

- DES CAISSETTES EN PAPIER

1

Fais fondre les carrés de chocolat dans une casserole antiadhésive à température moyenne. Ajoute le miel et mélange bien avec une cuillère en bois.

2

Mets la moitié des flocons de maïs dans un plat creux et verse la moitié du chocolat par dessus.

3

Remue délicatement. Ajoute le reste des flocons de maïs et continue de remuer jusqu'à ce qu'ils soient bien imprégnés de chocolat. Verse le reste de chocolat et mélange bien. Quand les pétales de maïs sont tous bien chocolatés, à l'aide d'une cuillère à soupe dépose de petites portions dans les caissettes.

4

Enfin laisse tes roses des sables au réfrigérateur pendant environ 2 heures. Le chocolat va durcir et tu auras un délicieux dessert qui plaît aussi bien aux petits qu'aux grands... gourmands !

Recettes sucrées-salées

Le miel, ce n'est pas que pour les desserts !
Une cuillerée dans une vinaigrette
pour un peu de douceur…

La tartine miel-chèvre

La tartine au chèvre est délicieuse et très rapide à préparer ! Déguste-la avec une laitue bien croquante et des tomates savoureuses arrosées d'un filet d'huile d'olive.

Ingrédients

- 1 tranche de pain de campagne
- 1 bûchette de fromage de chèvre
- Du beurre
- Du miel d'acacia

1

Demande à un adulte de préchauffer le four à 200 °C. Beurre la tranche de bon pain de campagne. Dépose plusieurs rondelles de fromage de chèvre par-dessus.

2

Mets ta tartine au four durant 8 min. Sors-la prudemment et ajoute une bonne cuillerée de miel d'acacia sur le fromage. Remets au four pour 4 min et… régale-toi !

Les frites de carotte au miel

Tu peux servir ce plat avec du riz ou de la semoule de couscous.

Ingrédients

- 8 carottes
- 1 c. à s. de miel
- 2 c. à s. de crème fraîche
- 1 tablette de bouillon cube
- 100 g de lardons
- Du sel et du poivre

1

Fais-toi aider pour éplucher et couper les carottes en bâtonnets ainsi que pour préparer du bouillon avec 1 tablette et 30 cl d'eau bouillante.

2

Dans une sauteuse, fais revenir les lardons. Ajoute les carottes, le sel, le poivre et recouvre de bouillon à mi-hauteur. Mets le miel et mélange bien. Laisse mijoter durant 20 à 30 min, jusqu'à ce que les carottes soient tendres. Ajoute la crème puis laisse cuire encore 5 min en remuant.

Bon appétit !

Construis ta balançoire !

Il n'y a pas d'âge pour s'amuser sur une balançoire !
Rêver les pieds en l'air et les cheveux dans le vent...

La balançoire-pneu

Matériel

- 1 pneu de 4x4 ou de camionnette
- 1 corde épaisse de 3 m de long

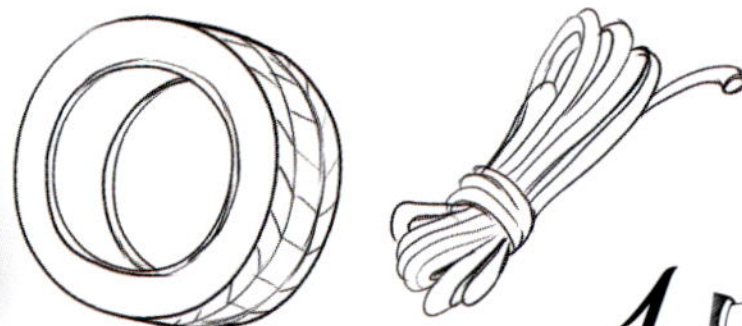

1

Vérifie qu'il n'y a pas de clous dans le pneu. Puis prends un peu de temps pour bien le laver à l'eau et au savon.

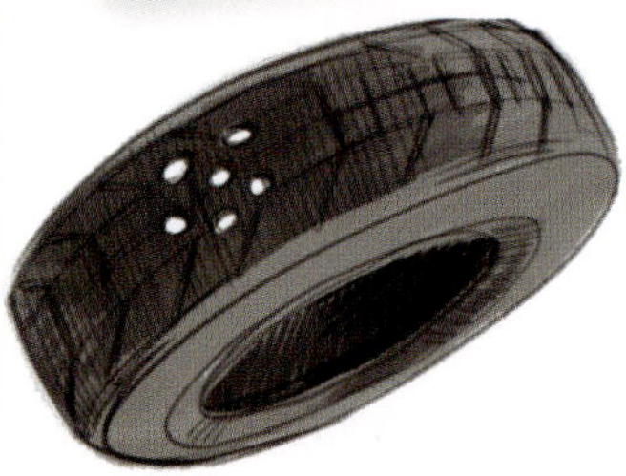

2

S'il pleut, pour éviter que de l'eau ne s'accumule à l'intérieur du pneu accroché, demande à un adulte de percer cinq ou six petits trous rapprochés.

3

Trouve un arbre avec une branche suffisamment solide pour supporter ton poids ainsi que celui des personnes qui utiliseront ta balançoire. Idéalement, la branche doit être à 2,50 m du sol et faire au moins 2 m de long pour que tu puisses accrocher la balançoire au milieu.

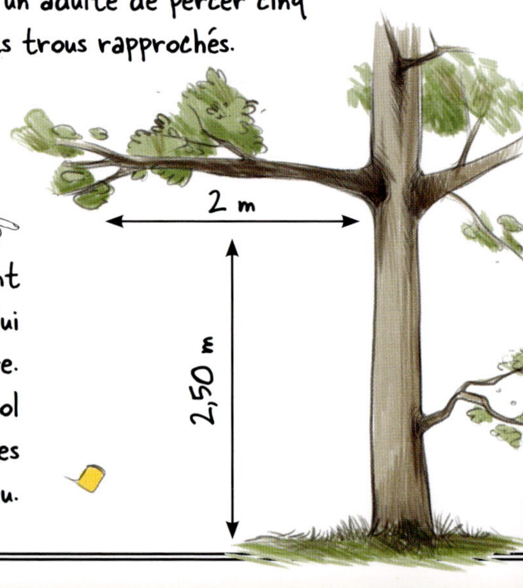

4

Demande à un adulte d'accrocher l'extrémité de la corde à la branche par un nœud de chaise (voir p. 12). Utilise le nœud d'arrêt (voir p. 12) pour accrocher l'autre extrémité de la corde au pneu, du côté opposé aux petits trous.

Teste la solidité de ta balançoire avant de grimper dessus et… envole-toi !

La balançoire-planche

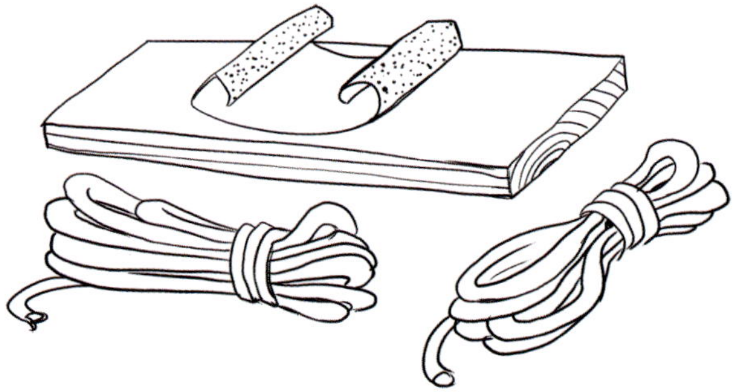

Matériel

- 1 épaisse planche de bois d'env. 1m de long et 40 cm de large
- 2 cordes épaisses de 2,50 m de long
- Du papier de verre

1

Nettoie la planche, ponce-la avec du papier de verre et, si tu le souhaites, peins-la de ta couleur préférée. Ensuite vernis-la pour la protéger des intempéries.

2

Demande à un adulte de percer deux trous de chaque côté de la planche à l'aide d'une perceuse.

☞ 3

Accroche chaque corde à une épaisse branche d'arbre par un nœud de chaise (voir p. 12) à env. 50 cm d'écart.

Passe chaque corde dans un trou, puis dans l'autre trou situé du même côté et fais un nœud d'arrêt (voir p. 12) au-dessus.

Verifie que ta balançoire est bien solide avant de l'utiliser !

☛ Tu peux aussi décorer ta balançoire avec des fleurs ou du lierre pour lui donner une touche romantique et qu'elle s'accorde davantage avec la nature environnante.

Pour fixer l'ensemble, utilise du fil de pêche transparent.

Change régulièrement de fleurs, au gré des saisons et de tes envies !

Les Nœuds MARINS

Pour accrocher solidement ta balançoire à une branche ou pour attacher ton embarcation à un plot d'amarrage…, voici quelques nœuds bien connus. Entraîne-toi à les faire et les défaire jusqu'à les maîtriser parfaitement.

LE NŒUD DE CHAISE

C'est un nœud solide mais qui est pourtant facile à défaire ! Pour te rappeler comment le réaliser, pense à la phrase : « Je sors du puits, je fais le tour de l'arbre, et j'entre de nouveau dans le puits. »

1 Voici le puits.

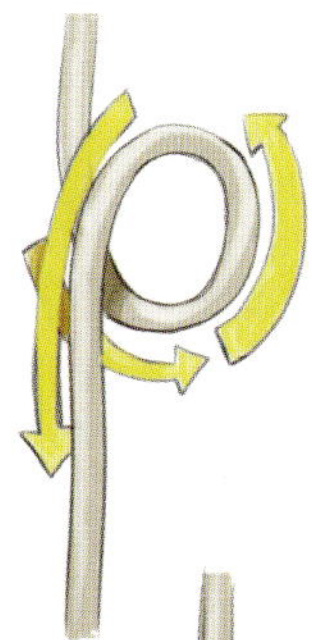

2 Sors du puits.

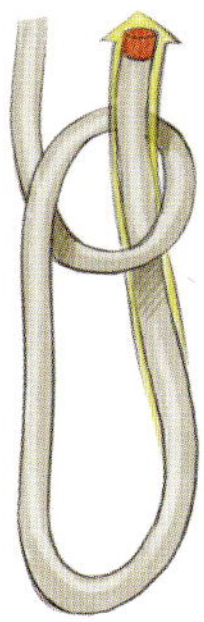

3 Fais le tour de l'arbre.

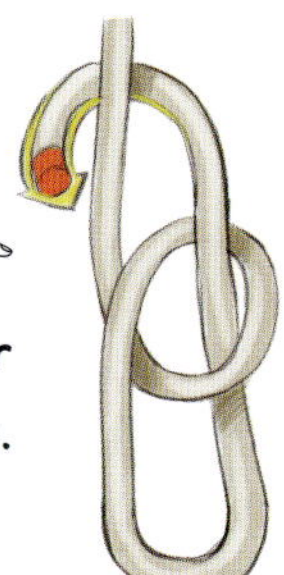

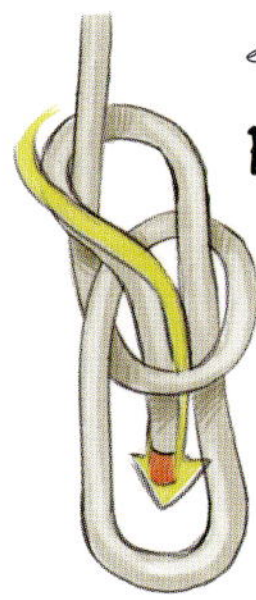

4 Entre de nouveau dans le puits.

5 Il ne reste qu'à serrer !

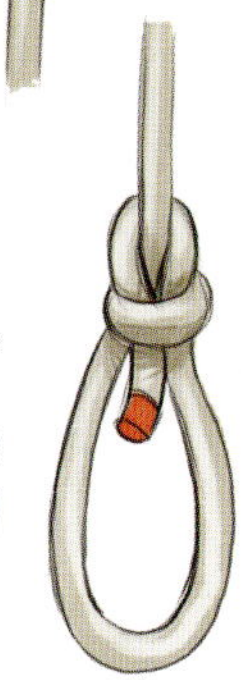

LE NŒUD D'ARRÊT

Ce nœud est bien pratique pour empêcher un objet de glisser. Facile à faire, il n'est cependant pas toujours aisé à enlever. On l'appelle aussi le nœud de huit.

1 Forme une boucle.

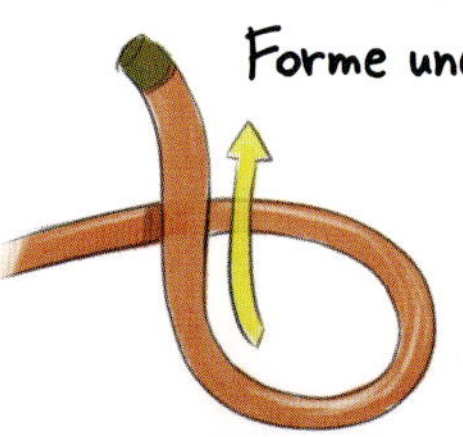

2 Passe sous la corde.

3 Puis passe dans la boucle par le dessus.

4 Serre !

Le nœud plat

C'est un nœud facile à faire, qui peut servir à relier deux cordes entre elles ou même à nouer des lacets.

1

Fais un premier nœud avec l'extrémité de deux cordes différentes.

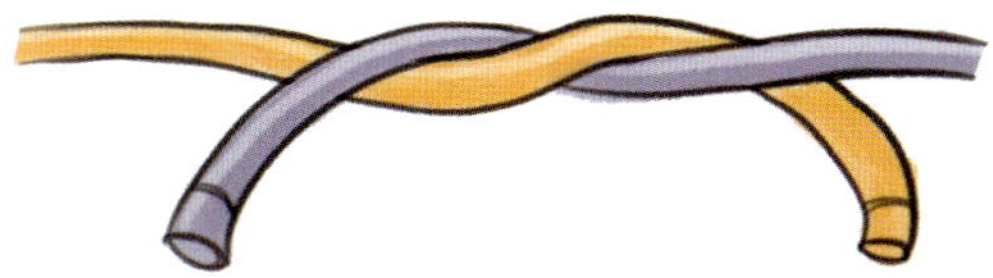

2

Ensuite, réalise un autre nœud mais dans l'autre sens.

3

Serre et vérifie sa solidité.

Le nœud de grappin

Pour accrocher une corde à un anneau ou à un objet, et l'empêcher de glisser, on fait un nœud de grappin. Attention, une fois serré, il est difficile à défaire !

1

Fais d'abord trois « tours morts ».

2

Avec la petite longueur, passe dans les 2 boucles formées par le « tour mort ».

3

Réalise ensuite une première « demi-clef » comme sur l'image.

4

Puis une seconde, dans le même sens.

5

Serre pour maintenir l'ensemble.

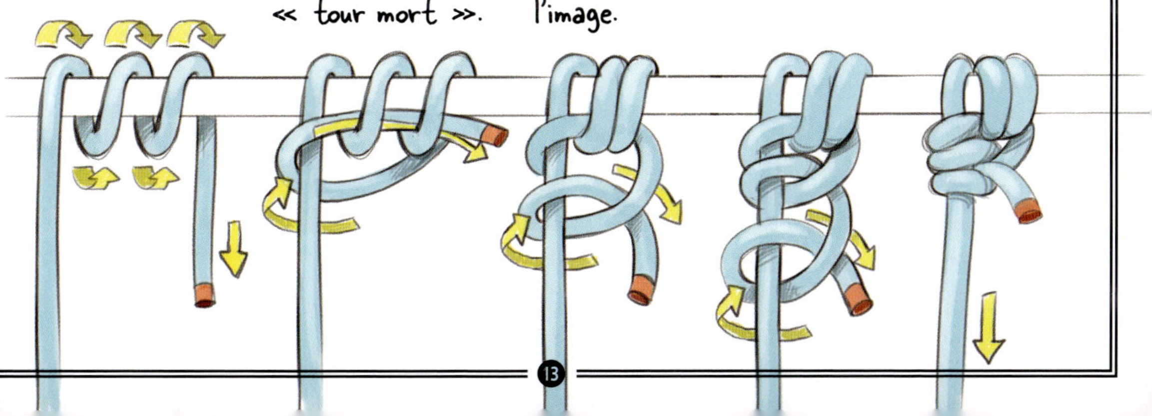

Conseils de beauté

En été comme en hiver, ta peau a besoin d'être protégée, chouchoutée pour ne pas tirailler ou peler, surtout quand tu l'exposes au vent, à la pluie et au soleil.

Un joli teint… dans l'assiette !

Pour préparer ta peau avant l'arrivée de l'été et avoir un joli teint hâlé avant l'heure, fais une cure de carottes : à croquer, râpées, cuites…
Le bêta-carotène te donne bonne mine.

De plus, deux vitamines qu'elles contiennent aident à protéger la peau et à la rendre plus forte contre le vent, la pluie…
Il s'agit des vitamines E et C.

La vitamine E :
on la trouve dans les kiwis, les avocats, les amandes, les noisettes…
Elle apporte de l'élasticité à la peau.

La vitamine C :
c'est dans les agrumes, les fraises, les poivrons… qu'elle se cache.

En mangeant toutes sortes de fruits et de légumes tu fais du bien à ton corps et à ta peau !

☛ Sais-tu qu'en buvant de l'eau, tu hydrates également ta peau ?
Un conseil : n'hésite pas à boire de l'eau régulièrement.

Vite, un gommage !

Le gommage sert à nettoyer le visage, Il permet d'enlever toutes les peaux mortes et toute la poussière accumulée sur ton visage. Mélange une cuillerée à soupe de sucre roux avec une demi-cuillerée à soupe d'huile d'olive. Frottes-en délicatement ton visage et ton cou avec le bout de tes doigts et rince soigneusement.

☛ Ne fais pas de gommage trop souvent, tu risquerais de t'irriter la peau !

Un masque de beauté fait maison

Pour fabriquer rapidement un masque hydratant, écrase un avocat bien mûr à l'aide d'une fourchette. Applique la pâte ainsi obtenue sur ton visage bien propre. Laisse-la cinq minutes puis rince à l'eau froide. Les huiles contenues dans l'avocat sont très efficaces pour réhydrater la peau !

Un « sent-bon » naturel

Dans une casserole, jette les pétales de quatre roses dans un demi-litre d'eau minérale. Avec l'aide d'un adulte, pose la casserole sur le feu et fais chauffer l'eau. Dès que l'eau commence à frémir, retire la casserole du feu et laisse infuser durant une demi-heure.

Filtre le liquide à l'aide d'une passoire. Verse-le dans un flacon ou un petit bocal que tu pourras conserver au réfrigérateur pendant toute une semaine.
Tu peux utiliser cette eau de rose sur ta peau pour te rafraîchir et sentir bon.

Le froid de l'hiver

☛ Voici une petite astuce pour avoir les mains toutes douces : étale une épaisse couche de miel sur le dessus de tes mains. Attends cinq minutes, puis rince bien ensuite. Tes mains oublient alors le froid et ses dégâts !

Ta peau est sèche, elle tire, elle est un peu rouge ? En hiver, les mains et le visage sont les parties du corps les plus exposées.

N'hésite pas à les hydrater tous les jours avec une crème bien grasse et n'oublie pas tes lèvres pour éviter qu'elles gercent.

En nourrissant ta peau ainsi chaque jour, cela lui évitera de devenir rèche. Elle restera bien souple et de plus, cela créera une petite « barrière » contre les agressions extérieures : le vent, le froid…

La chaleur de l'été

L'été, à la plage, la peau se dessèche facilement à cause du sel de la mer. Utilise de l'huile de monoï pour t'hydrater le matin ou le soir.

Cette huile à base de fleurs de tiaré est typique de Polynésie française. Elle s'utilise aussi en masque sur les cheveux abîmés et secs.

☛ Mais attention, elle ne protège pas des rayons du soleil ! L'huile de monoï ne remplace donc pas la crème solaire indispensable pour se prémunir des coups de soleil.

À force de marcher pieds nus sur le sable, tes pieds peuvent devenir secs.

Une solution ! Après ta douche, sèche bien tes pieds et masse-les doucement avec de l'huile d'amande douce. Insiste bien sur les talons, là où la peau est plus épaisse et plus sèche.

Découvre le **Yoté**

Ce très ancien jeu africain ressemble un peu à notre jeu de dames, mais il propose une règle originale.

Le yoté te permet de dérober deux pions à ton adversaire au lieu d'un, si tu réussis à sauter par-dessus… un seul ! Deux pions gagnés pour un seul pris !

Un jeu de plage idéal !

Tu peux jouer au yoté sur la plage, en traçant tout simplement le damier sur le sable. Tu peux aussi fabriquer ton plateau de yoté sur un grand carton.

Dessine un plateau de 30 cases : 6 lignes de 5 carrés.

Trouve les pions

Comme le jeu de dames, le yoté se joue à deux. Chaque joueur a besoin de 12 pions.

Profite d'une promenade sur la plage ou au bord d'un ruisseau pour ramasser 24 coquillages, galets, petites pommes de pin, morceaux d'écorce ou n'importe quels autres végétaux.

Pour les différencier, tu peux soit ramasser deux sortes de coquillages ou galets, soit faire une marque sur la moitié d'entre eux avec de la peinture.

La règle du jeu : plus fort que les dames !

Chacun leur tour, les joueurs ont le choix entre l'une de ces trois actions : poser un pion, déplacer un pion ou capturer un pion adverse.

☛ Poser un pion : sur n'importe quelle case libre du damier !

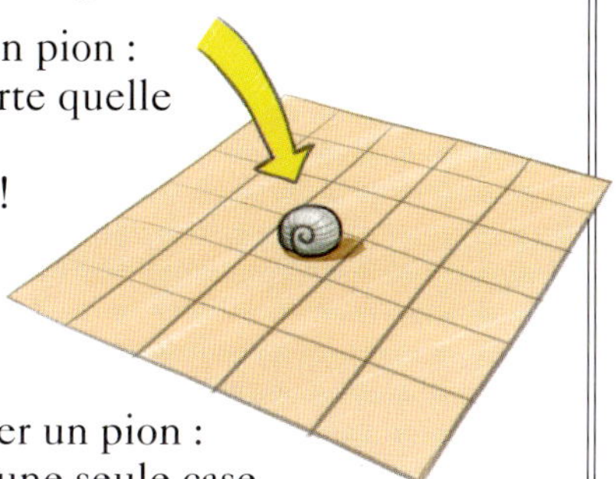

☛ Déplacer un pion : toujours d'une seule case, horizontalement ou verticalement, à condition que la case d'arrivée soit libre. Attention, le déplacement en diagonale n'est pas permis !

☛ Capturer un pion adverse : en sautant par-dessus ! Il est possible de capturer un pion adverse uniquement si celui-ci se trouve dans une case accolée au pion qui va être déplacé, et à condition que la case d'arrivée soit libre.
Et toujours pas de saut en diagonale !

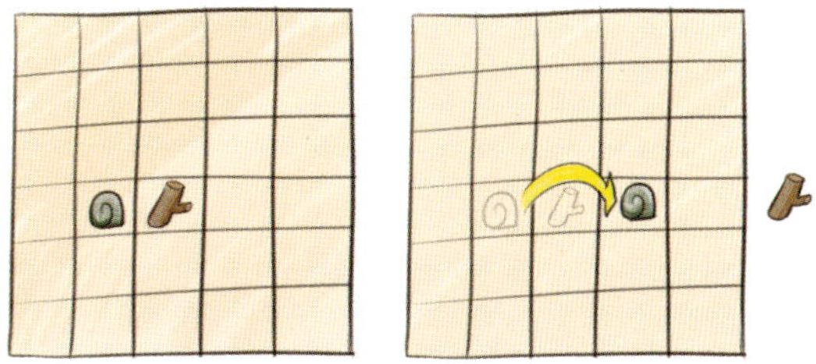

Une autre règle importante : on n'est pas obligé d'attendre d'avoir posé tous ses pions pour déplacer ceux qui sont déjà en jeu ou les utiliser pour une capture !

☛ Voici l'originalité du yoté : dès qu'un joueur a réussi à capturer un pion adverse en sautant par-dessus, il le retire définitivement du plateau de jeu et, en plus, il a le droit de dérober un autre pion ! N'importe quel autre pion de son adversaire, n'importe où sur le plateau ! À toi de choisir quel pion te gêne dans ta stratégie d'attaque !

Pour gagner...

C'est tout simple : le premier joueur qui a pris toutes les pièces de son adversaire a gagné la partie !

Des bijoux *de* PAPIER

Inutile de dépenser beaucoup d'argent pour avoir de beaux bijoux ! Fabrique-les simplement avec quelques feuilles de papier…

Matériel
- Des magazines
- Des allumettes
- De la colle en tube
- Une paire de ciseaux

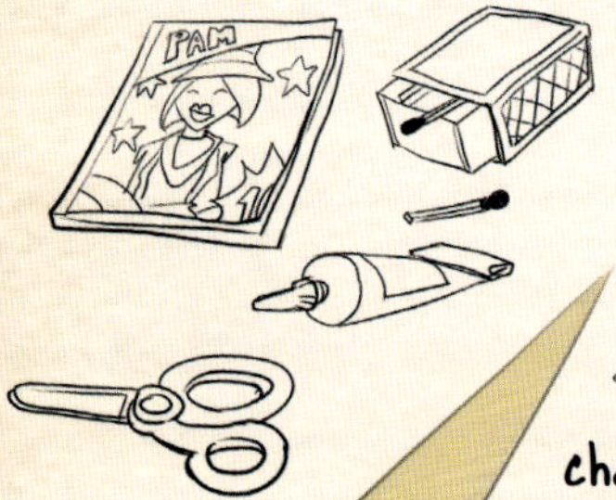

Les perles de papier

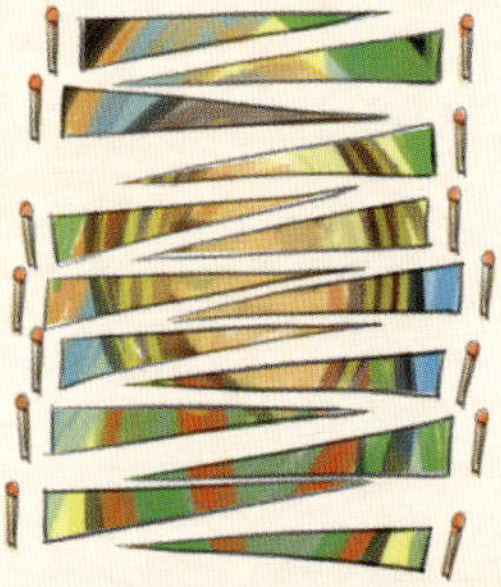

1 Dans un magazine, choisis une page très colorée et découpe-la. Dans cette page, découpe de longs triangles dont la base ne doit pas mesurer plus que la longueur d'une allumette. Plus ton triangle aura une forme allongée, et plus la perle réalisée sera épaisse.

2 Enroule chaque triangle de papier autour d'une allumette en commençant par la base. Ne serre pas trop car, par la suite, tu auras besoin de faire glisser l'allumette pour la retirer.

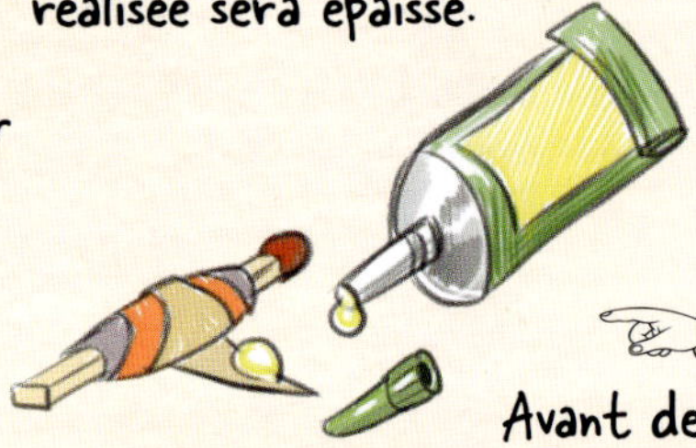

3 Avant de finir d'enrouler le papier, dépose une petite goutte de colle sous la pointe du triangle. Presse bien cette pointe pendant quelques secondes pour qu'elle soit bien fixée.

4 Puis fais glisser l'allumette hors de la perle. Voici ce que tu obtiens : de belles perles allongées et colorées !

Astuce :
Pour obtenir de belles perles brillantes, utilise du papier aluminium !

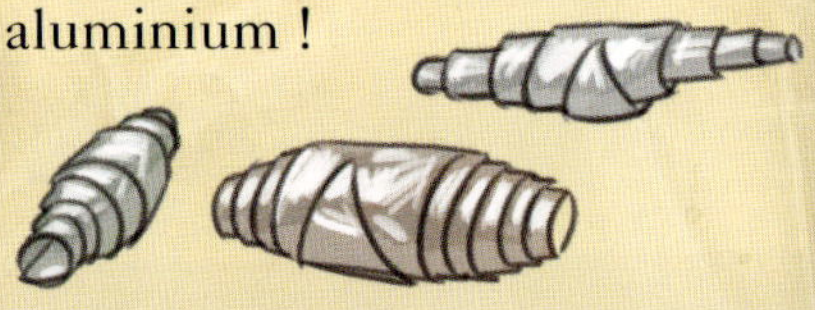

Choisis à présent le bijou que tu veux réaliser avec tes perles faites main.

La perle unique

Matériel

- 1 fine bande de tissu tire-bouchonnée sur elle-même d'env. 45 cm de longueur

Ou

- 1 fil épais (de même longueur)

1 Fabrique une seule grosse perle. Pour cela découpe des triangles de papier plus longs que ceux réalisés précédemment.

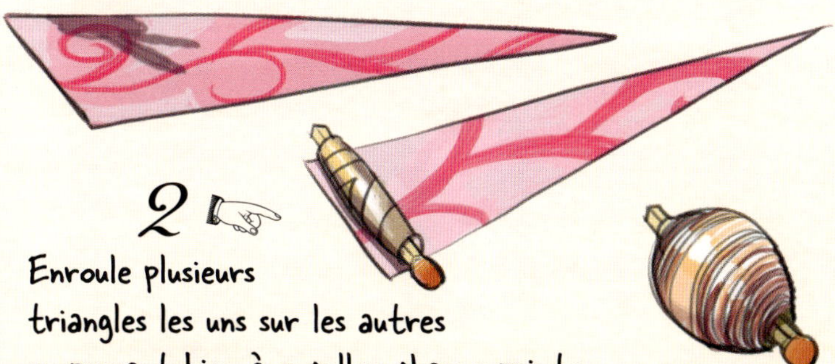

2 Enroule plusieurs triangles les uns sur les autres en pensant bien à encoller chaque pointe.

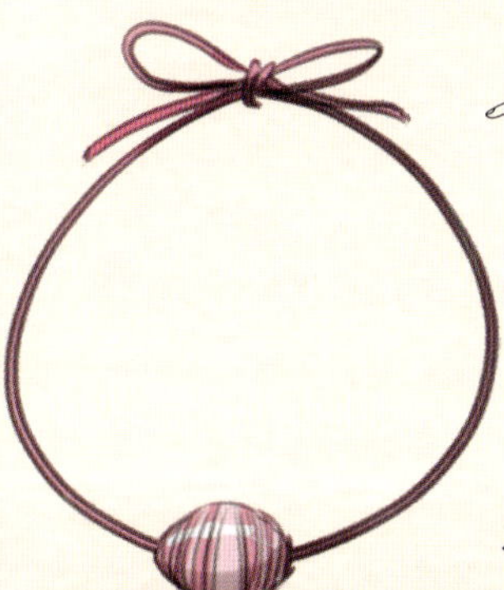

3 Enfile ta perle sur le fil ou la bande de tissu. Trouve une couleur approchante. Le résultat sera très chic ! Il ne te reste plus qu'à fermer ton collier par un joli nœud facile à défaire.

Le bracelet basique

Matériel

- 1 fil de pêche d'env. 20 cm

1 Enfile tes perles sur le fil, ferme par un nœud bien serré, et voici... un joli bracelet à porter ou à offrir.

Un collier généreux

Matériel
- Plusieurs fils de pêche d'env. 1 m de longueur

Si tu as fabriqué beaucoup de perles, réalise plusieurs longs colliers (comme un « bracelet basique »), et porte-les tous ensemble pour avoir un vrai look de star !

Une barrette fantaisie

Matériel
- 1 support de barrette
- De la colle extraforte

1 Réalise une vingtaine de perles en papier de taille normale. Délicatement et avec précaution, dépose un peu de colle sur la longueur du support. Attention de ne pas te coller les doigts !

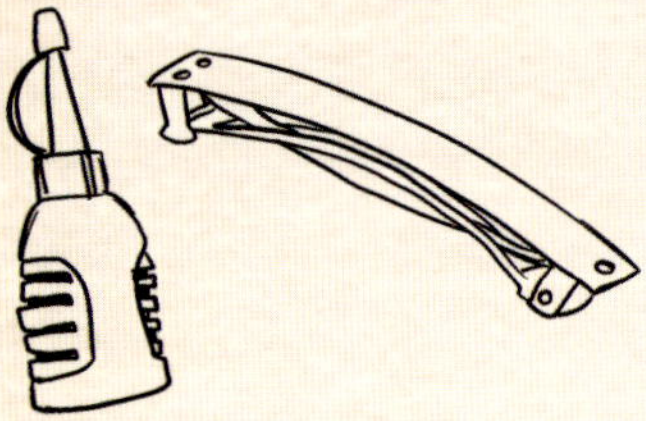

2 Recouvre le support avec les perles disposées côte à côte, verticalement.

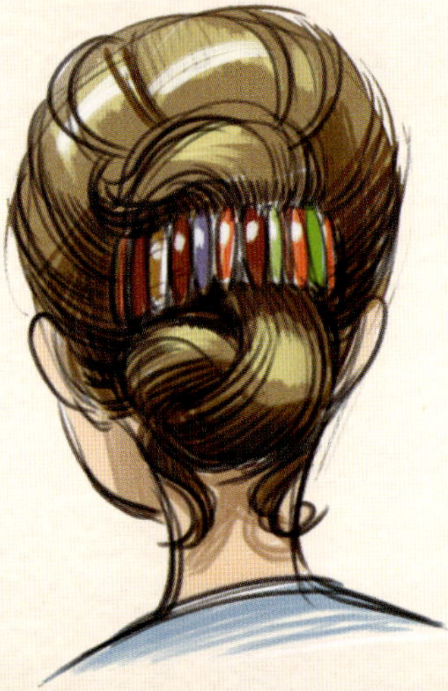

Attends que l'ensemble soit bien sec avant d'utiliser ta nouvelle barrette !

Une broche originale

Matériel
- 3 cordelettes fines (ou raphia) de différentes longueurs : 7, 10 et 15 cm
- Une épingle à nourrice

1 Réalise trois grosses perles (voir p.21 « La perle unique »). Forme un nœud à l'extrémité de chaque cordelette. Enfile chaque perle sur une cordelette.

2 *Et attache-les à l'épingle à nourrice. Ta broche habillera tes tenues à merveille !*

Un collier très stylé

Matériel
- 50 petites perles en plastique colorées
- 1 fil de pêche d'env. 60 cm de longueur
- Une grosse aiguille

1 Réalise 50 perles de papier de taille normale. À l'aide d'une aiguille, perce chacune de tes perles en leur centre, dans leur largeur.

2 Sur le fil, glisse les perles en alternant les perles de plastique et celles que tu auras réalisées en passant le fil par les nouveaux trous. Les perles sont alors positionnées de façon rayonnante.

Ferme ton collier par un nœud bien serré. Tu auras un look très mode avec ce collier !

Des **photos** *comme les* **PROS**

Pour réussir de belles photos, voici quelques recommandations. À ton appareil !

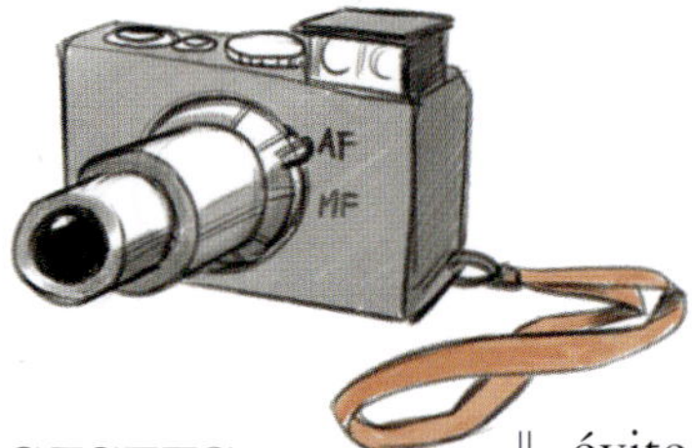

Les premiers gestes

Familiarise-toi avec l'appareil et son mode d'emploi : comment

fonctionne-t-il, quels réglages dois-tu effectuer, comment supprimer une seule photo, où se trouve le zoom, comment enlever le flash ?

Que tu sois en train d'utiliser ton appareil ou pas, conserve la dragonne autour de ton poignet. Cela t'évitera de le faire tomber.

Pense également à l'éteindre dès que tu as terminé ta série de photos pour ne pas gaspiller les piles ou la batterie, et remets la protection sur l'objectif s'il y en a un. Tu maîtrises le mode d'emploi ? Alors voici quelques conseils simples : installe-toi confortablement, évite de te trouver en déséquilibre. Prends ton temps avant d'appuyer sur le bouton ! Essaie différents cadrages, amuse-toi ! Pour éviter les photos floues, bouge le moins possible.

Laisse le temps à ton appareil de faire quelques réglages : appuie doucement sur le bouton à mi-course. Les réglages se déclenchent alors automatiquement. Puis appuie à fond, pour prendre ta photo ! Clic clac !

Les bases

☛ Le cadrage

Le cadrage c'est ce que comporte ta photo et la façon dont tu répartis les éléments dans ton image.

Ainsi, les professionnels utilisent souvent la règle du tiers. Le principe est simple : avec des lignes droites imaginaires, on divise un paysage en trois parties égales soit horizontalement, soit verticalement.

À la plage, par exemple, tu peux diviser le paysage en trois parties horizontales : le sable en bas, la mer au milieu et le ciel en haut.
Ne prends pas que des photos horizontales, pense parfois à tourner ton appareil en hauteur.

En effet, certains paysages s'insèrent mieux dans un rectangle plus haut que large !

☛ La lumière

Le matin très tôt ou en fin de journée, selon la position du Soleil, le paysage n'aura pas la même allure. Les couleurs des paysages auront d'autres tonalités.

Respecte le droit à l'image

Il est facile de prendre des photos, mais parfois certaines personnes se trouvant sur l'image n'apprécient pas qu'on les montre. Sois toujours respectueuse de l'image d'autrui et ne photographie tes amies que si elles sont d'accord. De la même façon, ne photographie pas des personnes inconnues dans une situation ridicule ou dangereuse. Pense toujours à ce que tu éprouverais à leur place.

☛ Les personnes

Pour prendre de belles photos de tes amis et de ta famille, inutile de toujours placer le sujet au milieu de la photo, ni même de déclencher le flash en intérieur.

Si la lumière qui arrive dans la pièce est suffisante, l'éclairage naturel donnera aux visages des tonalités plus douces et chaudes.

Pour prendre en photo le visage de ton tonton qui fait 1,98 m, place-toi à sa hauteur : au besoin grimpe sur une chaise ! Tu auras alors un meilleur portrait de lui, c'est-à-dire la photo de son visage, jusqu'au bas du cou ou bien jusqu'au buste, à toi de voir…

En revanche, pour avoir un beau cliché de ta cousine de 2 ans, baisse-toi et place ton appareil bien en face de son visage.

Et sois attentive à l'arrière-plan : tu n'auras pas envie d'exposer un joli portrait si tu vois une poubelle derrière !

Du mouvement

De nombreux appareils sont dotés de la fonction sport, représentée par le logo d'une personne en train de courir. Cette fonction te permet de prendre plusieurs photos d'affilée pour découper les gestes d'un mouvement. Déclenche la photo au bon moment. Pour cela, entraîne-toi !

Demande à une copine courageuse et sportive de sauter en l'air. Au bout de quelques bonds, tu réussiras des photos géniales !

Les animaux

Les photos d'animaux ne sont pas faciles à prendre : ils bougent tout le temps ou presque !

Le secret d'un cliché extraordinaire ? Te faire la plus discrète possible et être patiente… jusqu'à te faire oublier de l'animal à photographier.

N'hésite pas à utiliser la fonction sport de ton appareil pour attraper l'image de ton chat qui lève la tête vers toi, d'une biche qui fuit, d'une mouette qui s'envole…

La nature

Les photos de fleurs en gros plan sont généralement assez faciles à réussir.

Il existe un mode « macro » sur de nombreux appareils. Approche-toi tout près de la plante choisie, tourne autour pour trouver le meilleur angle. Recule un tout petit peu et attends de voir si, par chance, un papillon ou un insecte vient se poser dessus…

Joue avec le flou : la partie floue d'une photo met la partie nette en valeur. Ton appareil fait la netteté au centre de l'écran. Vise ton sujet, appuie à mi-course sur le bouton puis, sans bouger ton doigt, décale ton appareil pour déplacer ton cadrage. Ton sujet sera net, mais le reste sera flouté.

Aussi, demande-toi ce qui est important pour toi, ce que tu veux voir au premier coup d'œil. Et profite des couleurs éclatantes de la nature.

Respecte aussi ce qui t'entoure et ne piétine pas la nature environnante.

Montre tes PHOTOS

Rien n'est plus triste qu'une photo oubliée dans la mémoire d'un appareil photo. Une fois que tes photos sont prises, examine-les puis choisis les plus réussies. Demande à tes parents de les faire imprimer. Tu pourras t'en servir comme carte postale, les collectionner dans un album, les exposer dans des cadres ou encore les offrir en cadeau à tes amis.

Une belle image fait toujours plaisir…

ATTENTION, EMPOISONNEUSES !

Énorme tarte en vue ? Chouette ! Mais… attention, les gourmandes, ouvrez l'œil ! Avant de cueillir des petites baies qui poussent sur les bosquets, assurez-vous que leur chair soit « bonne à manger » !

Voici quelques baies à ne jamais goûter. Au mieux, elles provoquent de graves coliques ; au pire, elles peuvent être mortelles.

☹ LA VIORNE

Ressemblances :
Les feuilles sont quasi similaires à celles des groseilliers.

Les petites boules rouges globuleuses ressemblent aux groseilles.

Différences :
Les fleurs forment de grosses boules blanches.

Les fruits ne sentent pas bon. (Tu ne devrais pas avoir envie d'y goûter !)

☹ L'AUCUBA

Les baies : elles ont un peu la forme d'une olive, de couleur rouge.

Les feuilles : elles sont brillantes et tachetées de jaune.

Sauvages, mais DÉLICIEUSES !

LES GROSEILLES

☛ Noires, rouges ou blanches, les groseilles poussent, l'été, sur de petits arbustes bas. On s'en régale en gelée mais quel travail pour les égrapper !

LES MÛRES

☛ Aïe ! Elles poussent sur les ronces, des buissons épineux. Fais bien attention en les récoltant ! Elles sont délicieuses quand elles deviennent bien noires, en août et en septembre.

☹ LA DOUCE-AMÈRE

Ressemblance :
Les petits fruits rouges en grappes.

Différences :
La tige qui peut atteindre 3 mètres de haut.

Les fleurs violettes qui accompagnent les baies.

☹ LA BRYONE

Ressemblance :
Les petites baies rouges en grappes.

Différence :
Les fleurs blanchâtres qui accompagnent les baies.

Sauvages, *mais* DÉLICIEUSES !

LES FRAMBOISES

☛ Ce sont les stars des petits fruits rouges de l'été car leur arôme est incomparable ! Elles poussent sur des arbustes qui peuvent atteindre 1,50 mètre de hauteur, chacune au bout d'une petite tige indépendante.

LES FRAISES DES BOIS

☛ Hum ! Si elles sont plus petites que les fraises cultivées, elles sont surtout beaucoup plus sucrées ! Tu les cueilles sur des petites plantes qui ne mesurent pas plus de 20 cm de haut et sont accompagnées de fleurs blanches à 5 pétales.

Des FRUITS bien à l'abri !

La plupart des petits fruits sont très fragiles. S'ils s'écrasent, ils se transforment en une purée peu appétissante ! Quant aux taches, elles sont in-dé-lé-biles !! Alors, transporte-les dans un panier bien plat, ou dans un petit seau. Tu peux aussi confectionner un « abri » sur mesure !

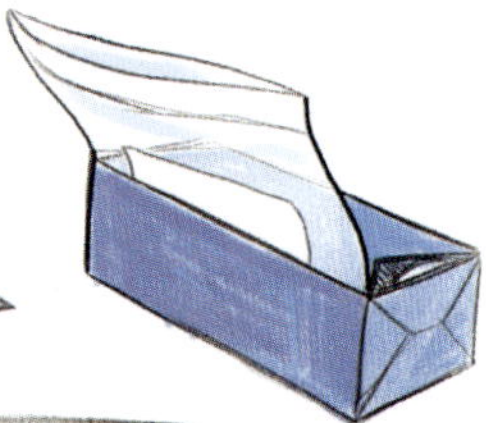

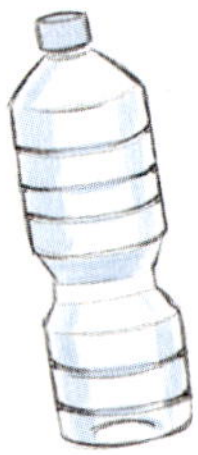

MATÉRIEL

- UN SAC DE CONGÉLATION
- UNE BOUTEILLE EN PLASTIQUE
- UN COUTEAU

1

Dépose délicatement les petits fruits rouges que tu as cueillis dans un sac de congélation en prenant soin de ne le remplir qu'à moitié.

2

Demande à un adulte de découper une bouteille en plastique à mi-hauteur environ.

3

Passe le sac à moitié rempli par le bas de la bouteille et fais ressortir le haut à travers le goulot.

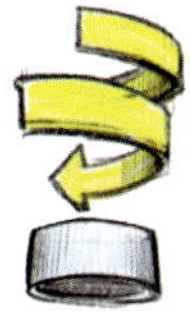

4

Replie ensuite le haut du sac vers l'extérieur et revisse le bouchon par-dessus.

Tes fruits sont maintenant bien protégés grâce au sac qui pend le long de la bouteille !

Ainsi, tu peux les transporter et les déguster… entiers !

Après avoir ramassé tes fruits, tu peux en faire un dessert pour toute la famille !

La Tarte *aux* FRUITS ROUGES

PRÉPARATION : 15 MIN
CUISSON : 25 MIN
UTILISATION DU FOUR

INGRÉDIENTS
POUR 6 À 8 PERSONNES

POUR LA PÂTE :
- 175 G DE BEURRE
- 200 G DE FARINE
- 1 C. À C. DE LEVURE
- 100 G DE SUCRE

POUR LA GARNITURE :
- ENVIRON 500 G DE PETITS FRUITS ROUGES
- 50 G DE SUCRE
- 1 C. À C. DE MAÏZENA

MATÉRIEL
UN MOULE À TARTE

1 Dans une casserole, fais fondre le beurre, puis, hors du feu, ajoute la farine, la levure et le sucre. Mélange bien.

2 Quand la pâte se détache de la casserole, retire celle-ci du feu.

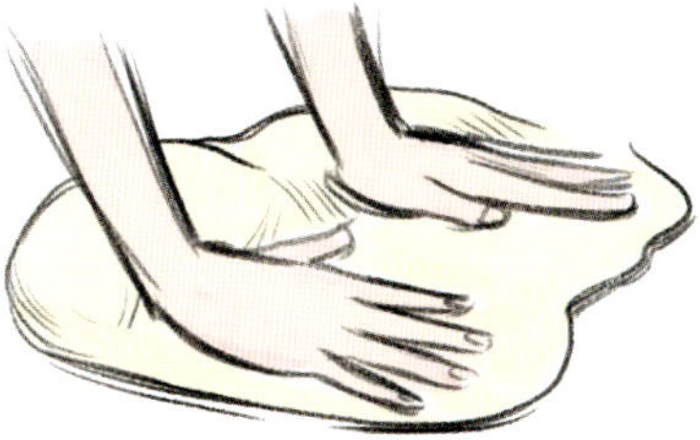

3 Sur un plan de travail fariné, aplatis la pâte. Pas besoin de rouleau, tu écrases avec tes doigts (bien lavés !).

4 Étale-la dans le moule à tarte. Appuie pour que la pâte remonte bien sur les côtés du moule.

6 Verse la préparation sur la pâte.

5 Dans un saladier, mélange les fruits rouges avec le sucre et la Maïzena.

7 Demande à un adulte de faire cuire la tarte au four à 200 °C (thermostat 7) pendant 20-25 minutes. Quand la pâte a pris une belle couleur, elle est prête !

Le + des petites GOURMANDES

Tu peux également faire cuire de petites tartelettes dans des moules individuels. Tu les emporteras en pique-nique pour les partager entre copines.

La panoplie de la Randonneuse

Tu as prévu une randonnée en famille ou entre amies ? Quelle bonne idée ! Voici quelques conseils pour t'habiller des pieds à la tête, pour être certaine de passer une bonne journée.

Les chaussures

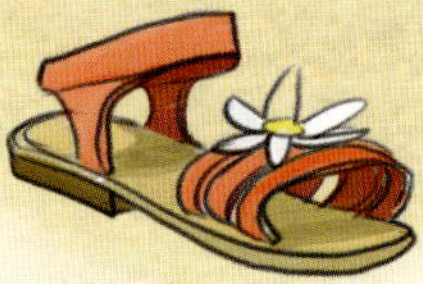

Pas question de se chausser n'importe comment ! Même si tu es coquette, oublies tes tongs, ballerines, ou chaussures élégantes dans ton placard. Tu vas marcher toute la journée et il est important de ne pas avoir mal aux pieds. Les ampoules pourraient vraiment gâcher ta sortie. Choisis une bonne paire de baskets ou, mieux, des chaussures de randonnée légères et confortables qui te tiennent bien la cheville.

☛ **Un conseil :**
si tes chaussures sont neuves, porte-les quelques jours avant ton excursion afin qu'elles s'assouplissent.

Les vêtements

Ils doivent être légers, confortables et pratiques. Choisis un pantalon ample qui ne va pas gêner tes mouvements. Les matières naturelles comme le coton ou le lin sont légères et agréables à porter.

Si tu vas en forêt, pas de short.
Les branches peuvent te griffer
et les orties… te piquer !
Idéalement, et selon la météo, prévois trois épaisseurs : un sous-vêtement, un tee-shirt, un pull ou une polaire pour avoir chaud.
Et un imperméable ou un ciré, en cas de pluie !

Les accessoires INDISPENSABLES

☛ N'oublie pas tes lunettes de soleil, un tube de crème solaire, une casquette ou un chapeau et un foulard posé sur ta nuque : tout le nécessaire pour te préserver du soleil et de ses éventuelles brûlures.

☛ Au cas où tu te perdrais, mieux vaut avoir sur soi : une boussole, une carte de la région, des jumelles.

Et, pour ne pas être surprise par la nuit, une lampe de poche !

☛ Si vous partez entre amies, il est judicieux de se répartir les objets à emporter pour ne pas avoir des sacs trop lourds à porter.

☛ Et si tu as peur d'oublier quelque chose, prépare une liste quelques jours avant !

Des tee-shirts très « nature »

Si tu pars en randonné pour observer les animaux, prends garde de ne pas les effrayer ! Pour cela, mieux vaut porter des vêtements aux couleurs discrètes...

Oublie donc ton tee-shirt rose ou ta chemise multicolore, et préfère un simple tee-shirt blanc que tu auras teint toi-même avec des bains de teinture à base de plantes !

Avec des noix pour du sombre

Quand tu ramasses des noix, elles sont entourées d'une épaisse peau verte qu'il faut retirer avant de les manger.

Garde 500 g de ces peaux, écrase-les grossièrement. Laisse-les tremper une journée dans 5 litres d'eau.

Filtre le liquide et plonge ton tee-shirt blanc dans ce bain pendant une journée, il en ressortira d'une couleur brune très sombre.

Avec des oignons pour de l'ocre

Plonge une poignée d'épluchures d'oignons dans 5 litres d'eau.

Fais bouillir cette mixture pendant 20 minutes. Pense à mettre un couvercle sur ta casserole pour que l'eau ne s'évapore pas. Trempe ton tee-shirt dans l'eau jusqu'à ce qu'il prenne une couleur ocre.

Avec du thé pour du crème

Verse de l'eau bouillante sur du thé et laisse-le infuser pendant au moins une demi-heure. Trempe ensuite ton tee-shirt dans ce liquide. Repose ta casserole sur un feu très doux pendant une demi-heure.

La jolie couleur blond crème de ton tee-shirt te plaira beaucoup.

Avec une betterave pour du rosé

Coupe une betterave en gros morceaux.

Mets ces morceaux à tremper dans 5 litres d'eau.

Lorsque le liquide devient coloré, filtre-le et trempe ton tee-shirt dedans jusqu'à ce qu'il devienne d'un rose très doux.

☛ **Un conseil :**
après avoir réalisé tes teintures, rince soigneusement ton tee-shirt et laisse-le sécher au soleil.

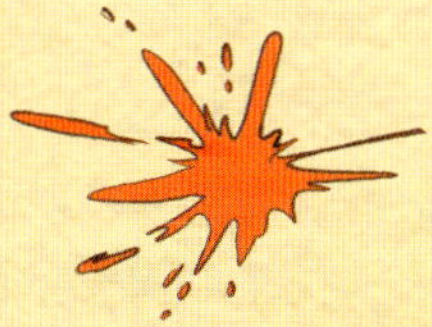

Des teintures de camouflage

Pour un tee-shirt de camouflage parfait, donne-lui un aspect irrégulier grâce à la technique des nœuds.

Avant de plonger ton tee-shirt dans le bain de teinture de ton choix, fais-lui un ou plusieurs nœuds.

Quand tu dénoueras ton tee-shirt, tu obtiendras des formes semblables à des fleurs.

Tu peux aussi utiliser une ficelle pour ligaturer une zone de tissu.

La partie du tissu protégée par le nœud ou la ficelle ne sera pas atteinte par la teinture et restera blanche, ou tout au moins… plus claire.

Des fleurs *dans ton* ASSIETTE

Ce petit guide des fleurs va te permettre d'ajouter des touches de couleur dans ton assiette et d'épater tes invités !

Les fleurs non comestibles

Toutes les fleurs ne se mangent pas ! Fais très attention : il existe des fleurs toxiques qui ressemblent à s'y méprendre à des fleurs comestibles ! C'est pourquoi il est important de toujours bien te renseigner avant de les déguster, comme tu le ferais pour des champignons !

De plus, pour tes recettes, n'utilise pas des fleurs qui viennent de chez le fleuriste car la plupart contiennent des pesticides, c'est très mauvais pour la santé. Cueille en priorité les fleurs de ton jardin ou dans la nature !

La cueillette

Pour cueillir de jolies fleurs bien fraîches, mieux vaut se lever tôt, quand la rosée est encore sur les pétales et que le soleil n'a pas encore réchauffé les plantes.

Coupe délicatement les fleurs à leur base, sans la tige. Fais pareil si tu veux récolter les feuilles.

Des fleurs propres

Pour enlever les petites bêtes qui sont peut-être cachées à l'intérieur et les restes de pollen, lave soigneusement les fleurs à l'eau claire.

Pose-les sur du papier absorbant jusqu'à séchage complet, puis range-les dans une boîte ou un sac en plastique hermétiquement fermé.

Les fleurs se conservent une bonne semaine au frais.

Certaines fleurs ont un goût très prononcé (épicé, amer, sucré…). Mieux vaut les goûter d'abord avant de les mettre en petite quantité dans ton assiette !

Quelques idées de recettes !

Le sirop de violettes

Demande l'aide d'un adulte pour cette recette.

Ingrédients

- 150 g de violettes
- 500 cl d'eau
- 750 g de sucre
- Le jus d'un citron

Matériel

- 1 saladier
- 1 cuillère en bois
- 1 bouteille vide en verre

Mets les pétales de violettes dans le saladier sans les parties vertes. Verse 25 cl d'eau bouillante par-dessus. Ajoute le jus de citron. Couvre et laisse reposer pendant 2 heures. Verse le sucre et 25 cl d'eau dans une casserole. Quand le sucre est fondu, porte le mélange à ébullition et fais-le cuire encore un peu. Verse ton eau de violettes dans le sirop. Mélange à l'aide de la cuillère en bois, puis laisse-le refroidir avant de le mettre en bouteille. Tu peux déguster ton sirop avec de l'eau ou en verser quelques gouttes sur de la glace. Le goût est surprenant et la couleur incroyable ! Ton sirop peut se conserver plusieurs jours, à l'abri de la lumière et au frais.

Les pétales de roses cristallisés

Bats légèrement le blanc de l'œuf à l'aide de la fourchette.

Trempe les pétales, un par un, dans le blanc d'œuf à l'aide de la pince. Recouvre les pétales de sucre avant de les poser délicatement sur un plat recouvert de papier de cuisson pour qu'ils ne collent pas. Les pétales ne doivent pas se toucher.

Laisse-les reposer une douzaine d'heures à l'air libre. Ils vont sécher et tu pourras les déguster tels quels ou les utiliser pour décorer un gâteau.

Ingrédients

- Les pétales d'une rose lavés et essorés (n'oublie pas : une fleur non traitée qui vient d'un jardin et non pas de chez un fleuriste !)
- 1 œuf
- 100 g de sucre en poudre

Matériel

- 1 fourchette
- 1 bol
- 1 pince en bois
- Du papier de cuisson

FLEUR	UTILISATION	PARTIE COMESTIBLE
✿ Bégonia 	• En salade de fruits • Confit [1] • En garniture	La fleur.
✿ Capucine 	• En salade • Dans du beurre • Confite	Les fleurs et les feuilles. *Sa saveur est poivrée. Elle relève bien les salades.*
✿ Chrysanthème comestible 	• En salade • Dans la soupe • Dans une sauce	Les fleurs et les feuilles. *Le goût est amer. Les feuilles sont comestibles mais les pétales doivent passer quelques minutes dans l'eau bouillante avant d'être mangés.*
✿ Coquelicot 	• En sirop (gâteaux, glaces...) • En décoration	On n'utilise que les pétales.
✿ Fuchsia arborescens 	• Confit • En décoration	On n'utilise que les pétales.
✿ Pâquerette 	• En salade • Confite • Dans une purée de pommes de terre • Dans un potage	Les fleurs. *Son goût est un peu piquant.*
✿ Géranium odorant 	• En salade • Confit • En tisane • En décoration	Les feuilles. *Son goût est semblable à de la menthe citronnée.*

[1] Confit : cuit longuement à feu très doux avec un peu de sucre ou de miel.

FLEUR	UTILISATION	PARTIE COMESTIBLE
✿ Pensée 	• En salade de fruits • Confite • Dans du beurre	Les pétales. *Il convient d'enlever le pédoncule amer avant de l'utiliser. Son goût est doux.*
✿ Pissenlit 	• En salade • Confit	Les feuilles. *Son goût est amer. Sa saveur est poivrée. Il relève bien les salades.*
✿ Souci 	• En salade • Dans une soupe • Dans du beurre • Dans une sauce • Dans des biscuits	Les pétales et les feuilles. *Le souci colore les plats.*
✿ Tournesol 	• En salade • Dans une soupe	Les pétales, les boutons et les graines grillées. *Les graines grillées sont comestibles, on peut en mettre partout : sur des gratins, dans du pain, des cakes, etc.*
✿ Tulipe 	• En salade • Confite • Farcie	Les pétales. *La tulipe a un léger goût sucré.*
✿ Violette 	• En salade • En vinaigrette • En sirop • En gelée	Les fleurs et les feuilles. *Elle a un goût sucré.*

Précieuses photos

Comment mettre en valeur tes photos ?
Soit en les exposant, soit en les gardant précieusement dans un bel album photos. À toi de choisir !

Un cadre chevalet express

Matériel

- 1 vieux CD
- 1 boîtier de CD
- Du papier de différentes couleurs
- 1 stylo
- Un verre
- Une paire de ciseaux
- De la colle liquide

1 Choisis la photo d'une personne ou d'un animal avec le visage bien centré au milieu du cliché.

2 À l'aide d'un verre et du stylo, trace un cercle autour du visage.

3 Découpe la photo en suivant le cercle, et colle-la au centre du CD.

4 Dans les différents papiers, découpe de petits motifs, comme des cœurs par exemple, puis colle-les tout autour de ta photo.

5

Découpe un morceau de papier coloré à la forme de l'étui du boîtier. Glisse ton CD et le carré de papier dans l'étui.

6

Ouvre le boîtier et pose-le... sur ton bureau !

TU PEUX ADMIRER LE RÉSULTAT !

UN ALBUM PHOTOS PERSONNALISÉ

MATÉRIEL

- 1 PHOTO DE PROFIL
- 1 FEUILLE CARTONNÉE DE COULEUR (DIMENSIONS : LE DOUBLE DE TA PHOTO)
- DES FEUILLES DE PAPIER
- UN CRAYON
- UNE PAIRE DE CISEAUX
- DU FIL SOLIDE
- UNE AIGUILLE
- UNE RÈGLE
- DE LA COLLE LIQUIDE

1

Choisis une jolie photo de ton profil en gros plan. Découpe-la en suivant les contours du visage et de la chevelure.

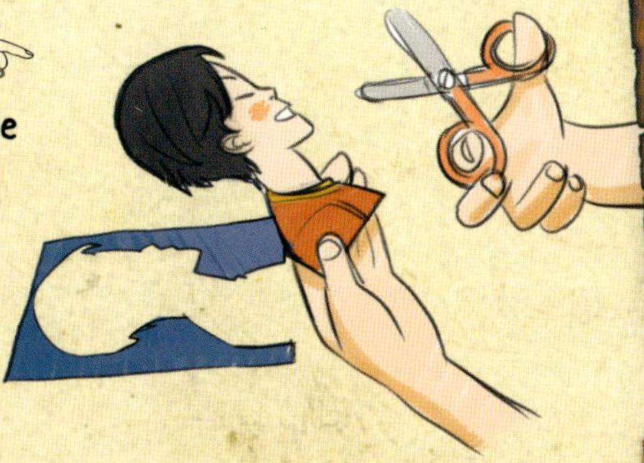

2

Place ta règle derrière la nuque, à la verticale, trace un trait au crayon puis découpe.

3 Plie la feuille cartonnée dans le sens de la largeur.

4 Colle la photo le long du pli.

5 Ce carton sera la couverture de ton album. Ferme-la et découpe autour de la photo. Ton album aura alors une forme très originale !

Les pages de ton album

1 Ouvre ton album et pose-le, bien à plat, sur l'une des feuilles. Traces-en le contour puis découpe.

2 Reporte cette forme sur autant de feuilles de papier que tu le souhaites puis découpe-les. Pose toutes les feuilles découpées les unes sur les autres et, à l'aide de l'aiguille (et d'un adulte au besoin), perce trois trous dans le pli central.

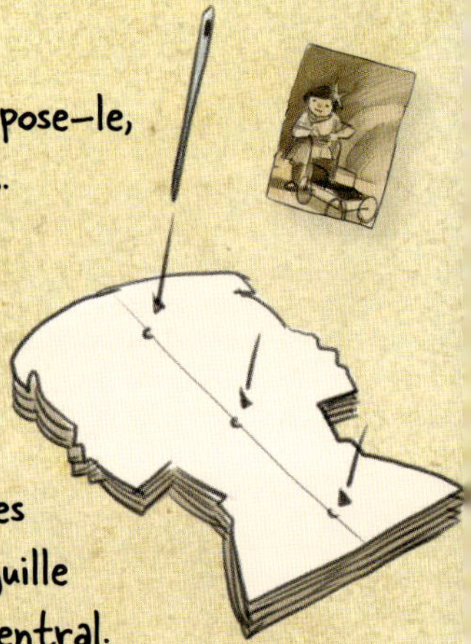

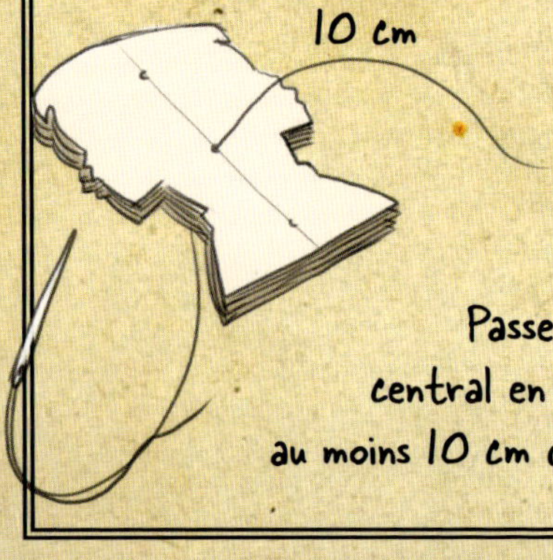

3 Enfile le fil sur l'aiguille. Passe-le par le trou central en laissant dépasser au moins 10 cm de fil.

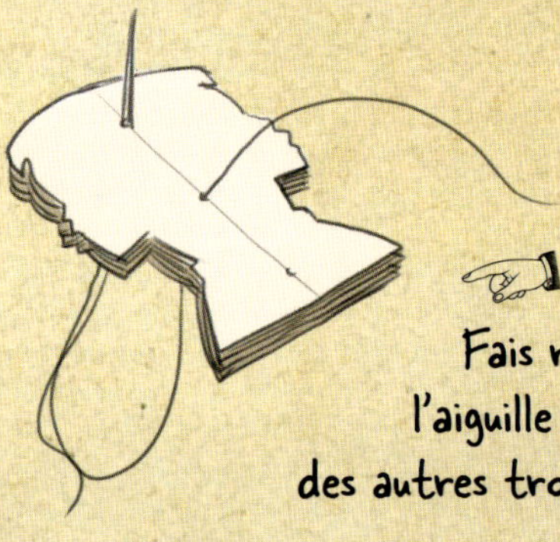

4 Fais remonter l'aiguille par l'un des autres trous.

5

Puis fais-la redescendre
par le troisième trou.

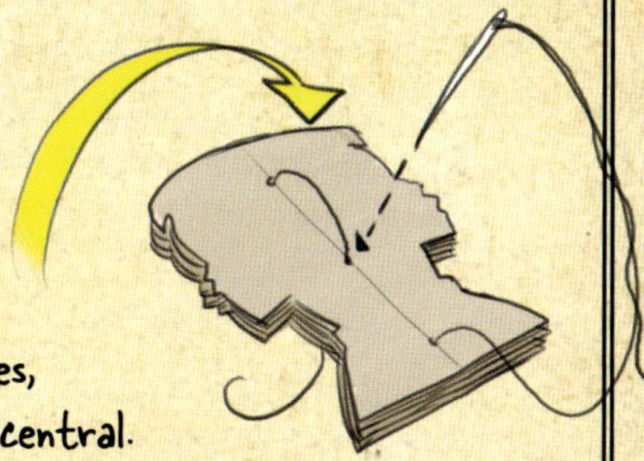

6

Retourne l'ensemble des pages,
et repasse l'aiguille par le trou central.

7

Retourne de nouveau
les pages et fais un nœud avec
les 10 cm de fil laissés précédemment.
Coupe le fil qui dépasse.

8

Encolle l'intérieur de ta couverture
tout le long du pli central.

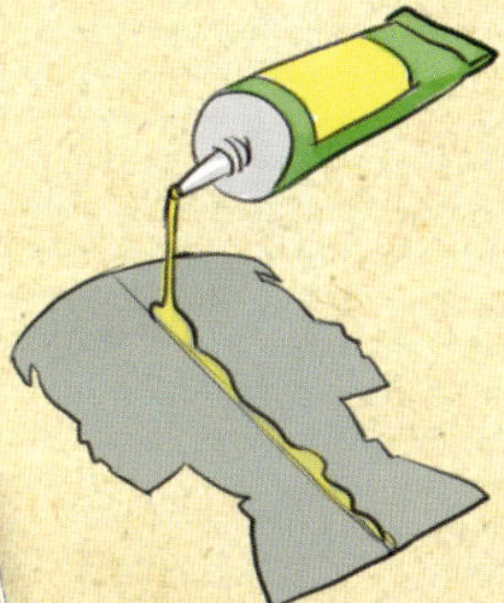

9

Pose délicatement
les pages pliées
par-dessus :
le pli extérieur
de l'ensemble des
pages contre le pli
intérieur encollé
de la couverture.

Maintiens quelques instants,
puis laisse sécher l'ensemble.

TON ALBUM EST PRÊT À RECEVOIR
TES PLUS BELLES PHOTOS !

La Piñata *d'anniversaire*

Traditionnellement, au Mexique, lors des fêtes de village, on remplissait une grosse marmite en terre cuite, la piñata, de friandises et de petits jouets. Elle était accrochée à une branche d'arbre. Pour avoir le droit de dévorer les friandises, les enfants devaient la briser en frappant dessus avec un bâton… tout en ayant les yeux bandés !

Pour animer ton anniversaire, tu peux t'amuser toi aussi à la piñata… sans avoir besoin de démolir une marmite ! Voici comment en fabriquer une facilement.

Réalisation de la piñata

Matériel
- 1 ballon de baudruche
- 1 longue ficelle solide
- De la farine
- Des journaux
- Une aiguille
- Une paire de ciseaux
- De la peinture
- Une perforatrice
- Des confettis, des bonbons, des petits cadeaux…
- Un pinceau

1

Prépare une colle : mélange un volume égal de farine et d'eau. Cette colle n'est pas très solide, mais comme la piñata est destinée à être crevée, elle sera parfaite !

2

Gonfle un ballon de baudruche.

3

Découpe de longues bandes de papier journal. Encolle-les généreusement.

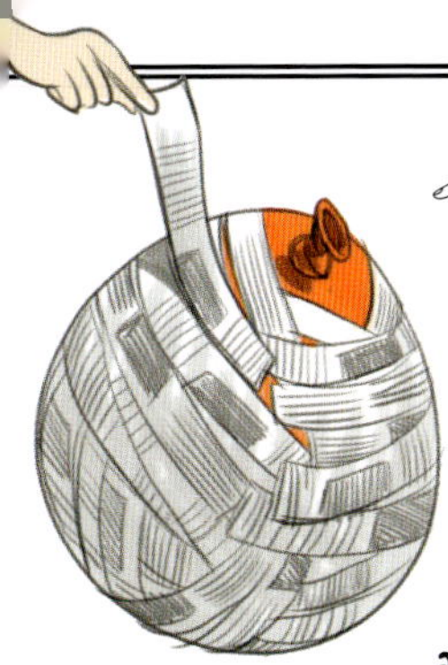

4

Pose les bandes sur le ballon en les superposant un peu. Laisse une zone vide d'environ 5 cm tout autour du nœud du ballon.

5

Laisse sécher. Lorsque la piñata en papier a durci, elle est assez solide pour conserver sa forme sans l'aide du ballon. Crève ce dernier avec l'aiguille.

6

Peins ta piñata. Par le trou, glisse les bonbons, les cadeaux…

7

À l'aide de la perforatrice, perce deux trous de chaque côté de l'ouverture de ta piñata.

8

Fais passer la ficelle par ces trous, puis accroche la piñata à la branche d'un arbre.

Le jeu de la piñata

Chacun de tes invités, à tour de rôle, aura les yeux bandés. Armé d'un bâton, il tentera de frapper la piñata pour la détruire. Tout le monde peut donner des indications de direction au joueur. Au fur et à mesure des coups reçus, la piñata va se briser, laissant s'échapper au sol tout ce qu'elle contient dans une pluie de confettis !

Matériel

- 1 bâton
- 1 bande de tissu épaisse

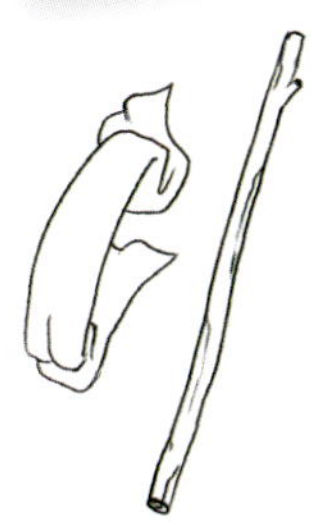

Des tisanes *et* infusions

BIEN-ÊTRE

Tu as envie de faire une pause avec une boisson chaude ? Prépare-toi une boisson 100 % naturelle qui te fera du bien. Mais ne dépasse pas trois tasses par jour !

ATTENTION À LA CUEILLETTE !

Tu peux bien sûr cueillir toi-même les plantes et fleurs pour te préparer les tisanes et les infusions proposées ici. Mais fais bien attention, car des fleurs se ressemblent ! Certaines d'entre elles peuvent être toxiques ! Comme tu le ferais avec des champignons, montre tes plantes récoltées à un pharmacien pour te faire confirmer leur nom et leur utilisation.

PRUDENCE !

Ne prends pas de risques inutiles ! Que tu utilises une bouilloire ou une casserole pour chauffer ton eau, fais bien attention à ne pas t'éclabousser ni te brûler ! Demande toujours l'aide d'un adulte.

TISANE DE CAMOMILLE

La cueillette de cette fleur se fait au début de l'été. La fleur de camomille ressemble à une marguerite avec une tige longue de 10 à 30 cm et un cœur jaune en forme d'ogive.

Pour te préparer une tisane de camomille, tu as besoin d'une cuillerée à soupe de fleurs séchées. Ajoute l'eau chaude sur les fleurs et laisse infuser 5 bonnes minutes. Ajoute un peu de sucre ou de miel. Cette tisane t'aidera à te calmer et à t'endormir.

TISANE DE THYM

On raconte que, déjà dans l'Antiquité, le thym était utilisé pour soigner les plaies des guerriers, ou comme médicament à boire pour soigner toutes sortes de maux. Tu es enrhumée, tu as mal à la gorge ? Prends une cuillerée à café de thym séché. Laisse-le infuser 5 minutes dans de l'eau chaude. Filtre l'eau obtenue. Ajoute un peu de jus de citron et une cuillerée de miel, cela calmera ta gorge.

Infusion aux épices et à la vanille

Dans un demi-litre d'eau bouillante, dépose deux bâtons de cannelle, quatre étoiles d'anis (ou badiane), trois clous de girofle et une gousse de vanille. Au bout de 10 minutes, retire délicatement les épices. Ajoute un peu de sucre roux à ton eau infusée.

Cette infusion calme avant tout les maux de ventre et aide à la digestion.

Tisane de sauge

Les feuilles de sauge étaient autrefois utilisées comme des médicaments pour aider à digérer ou pour calmer les personnes anxieuses. Mais en petite quantité elles permettent de préparer une délicieuse tisane très parfumée.

Il te suffit de verser de l'eau bouillante sur une poignée de feuilles de sauge fraîches ou séchées.

Retire les feuilles dès que l'eau prend une jolie couleur blonde.

Ajoute une cuillerée de miel et… bonne dégustation !

Le thé à la menthe

C'est la boisson traditionnelle des pays du Maghreb, parfaite pour un dépaysement immédiat !

Fais bouillir ½ litre d'eau puis laisse-la tiédir. Tu as ensuite besoin de trois grandes cuillerées de thé vert, d'un ½ bouquet de menthe verte et de 5 cuillerées à soupe de sucre cassonade.

Lave, coupe et égoutte la menthe. Dépose-la au fond de la théière.

Ajoute le thé vert et le sucre et laisse infuser pendant 5 minutes.

Bon voyage et bonne détente !

PRÉVOIR *la* météo

Sais-tu que l'on peut lire
dans les nuages ?
Voici ici quelques autres astuces qui
t'aideront à prévoir la météo à venir…

Le sens du vent

En France, dans la plupart des régions, c'est le vent qui vient de l'ouest qui apporte la pluie.

En effet, il vient de traverser l'océan et s'est chargé en humidité. Quand il aborde la terre, la vapeur d'eau contenue dans les nuages se condense : voilà pourquoi il pleut.
Donc, quand le vent vient de l'ouest, sors ton parapluie ou ton imperméable !

Le vent qui vient du nord, lui, est passé au-dessus du pôle Nord et s'est chargé en air froid. S'il souffle chez nous, mets vite un pull chaud.

Le vent qui vient du sud a parcouru les déserts brûlants d'Afrique.
Il apporte un air sec et très chaud.

Les nuages

Il existe plusieurs sortes de nuages. Apprends à les reconnaître car ils t'aideront à prédire le temps…

☛ Les cirrus

Avec leur forme fine, les faisant ressembler à des filaments, ils flottent très haut dans le ciel. Ils sont constitués de cristaux de glace. Alors, quand ils arrivent, tu peux prévoir que le temps va changer.

☛ Les stratus

Gris, volant bas et formant une couche uniforme, ceux-ci ne laissent aucun doute sur leur intention : attends-toi à vivre une journée de brouillard et de petites averses…

☛ Les cumulus

Ils ressemblent à de gros paquets de coton ou à une gigantesque barbe à papa. Isolés dans le ciel bleu, ils accompagnent le beau temps : tu n'as rien à craindre.

Mais parfois ils se regroupent et forment une masse sombre qui bouche l'horizon. On les appelle alors cumulo-nimbus. Dans ce cas-là, prépare tes bottes en caoutchouc et ton ciré : l'orage menace !

La pluie

Bien sûr, si tu es en vacances, tu as envie que le temps soit clair. Et personne n'aime vraiment la pluie ! Pourtant, imagine le paysage si la pluie ne tombait jamais : un désert où rien ne pousserait…

Le soleil

Sa lumière et sa chaleur sont une puissante source d'énergie : une partie que captent les panneaux solaires sur les toits des maisons pour la transformer en électricité.

Montagne : temps surprise !

Si tu as prévu une excursion à la montagne, ne te fie pas au ciel bleu du matin ! En montagne, le temps peut changer très vite : emporte toujours avec toi un pull et de quoi te protéger de la pluie !

Regarde ton baromètre

Si tu en as un chez toi, n'hésite pas à le consulter ! Le baromètre mesure la pression de l'atmosphère exercée par le poids des masses d'air. L'anticyclone dont tu entends souvent parler aux bulletins météo est un indicateur de beau temps.

Son air est plus « lourd » que celui d'une dépression, annonciatrice de mauvais temps.

Regarde ce qu'indique l'aiguille : va-t-elle vers le « beau » ou le « mauvais » temps ? Tu auras beau jeu d'annoncer ensuite l'avenir...

Un baromètre naturel

Sais-tu qu'il existe un baromètre « naturel » ? Le plus simple des baromètres est une pomme de pin !

Choisis-en une belle, bien grosse. Pose-la sur le rebord de ta fenêtre et regarde-la chaque matin : si elle est toute recroquevillée, c'est qu'il va pleuvoir, alors que si elle s'ouvre comme une fleur, c'est que la journée sera belle et ensoleillée !

Non, il n'y a pas de magie : c'est seulement que les écailles de la pomme de pin protègent les graines que produit l'arbre. Pour donner aux graines la meilleure chance de se développer, il faut qu'elles tombent sur le sol quand le climat est propice. Et voilà pourquoi la pomme ne s'ouvre pour libérer les graines que lorsque le soleil brille et qu'il ne pleut pas !

Et si tu veux que ton baromètre naturel soit joli, tu peux déguiser ta pomme de pin en personnage.

☛ 1 Colle une boule de cotillon en haut de la pomme pour former une tête.

☛ 2 Dessine dessus des yeux et une bouche.

3 ☛ Enfonce deux morceaux de carton sur les côtés pour figurer les mains.

4 ☛ Si tu veux, ajoute un accessoire : un petit balai fait d'une brindille, un petit parapluie pour décorer les coupes de glace, ou encore une petite fleur.

Et les animaux ?

Ils sentent, avant nous, les changements climatiques. Alors, si cela t'amuse, essaie d'observer les animaux qui t'entourent.

☛ Il va faire beau si :
les grenouilles coassent le soir, les grillons chantent ; si tu vois beaucoup de chauves-souris voler, ou si les coccinelles butinent allègrement les fleurs...

☛ Il fera mauvais si :
les araignées rentrent faire leur toile dans la maison, les hirondelles volent bas dans le ciel ; si les escargots et les limaces, qui apprécient l'humidité, sont de sortie ; si les abeilles restent dans leur ruche ; si ton chien ou ton chat montre une certaine nervosité...

Alors...
quel temps fera-t-il demain ?

Découvre le furoshiki

Les Japonaises connaissent l'art du pliage…
de foulards ! Sacs, vêtements…
voici les bases du furoshiki.

Un adorable panier

Pour transporter ton goûter, prends un grand foulard carré et plie-le de la façon suivante :

1 Pose ton foulard à plat. Au centre, pose ce que tu désires transporter.

2 Noue deux à deux les coins du tissu.

3 Fais passer l'un des nœuds sous l'autre.

4 Tire un peu pour tendre et solidifier l'ensemble. La boucle ainsi créée servira de anse à ton panier furoshiki en tissu !

Un sac à main très élégant

Ce pliage traditionnel permet d'emporter avec toi tes affaires personnelles comme avec un véritable sac à main !

1 Divise ce que tu veux transporter en deux piles. Pose chaque pile sur les coins opposés du foulard.

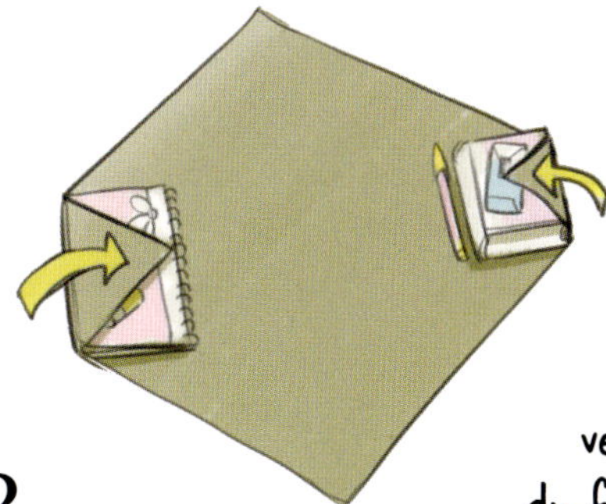

2 Replie les deux coins dépassant vers le milieu du foulard, sur chaque objet.

3 Suivant la taille du foulard et le volume des objets, replie le tissu avec les objets encore une ou deux fois vers l'intérieur, jusqu'à ce que les deux piles se touchent.

4 Attrape les deux coins que tu n'as pas encore utilisés, un dans chaque main ! Rabats le coin du haut, et remonte celui du bas.

5 Attention, c'est le moment important de ce pliage : noue ces deux coins au-dessous. Pour faire ce nœud, hop ! Retourne le tout !

6 Tu viens de réaliser un très joli sac !

Un sac à dos pratique

En promenade, voici comment fabriquer rapidement un petit sac à dos pour rapporter quelques fruits des bois, des pommes de pin… lors d'une randonnée par exemple. Pour cela, tu as besoin de deux foulards.

1 Place ce que tu veux emporter au milieu du premier foulard.

2 Noue ensemble deux coins.

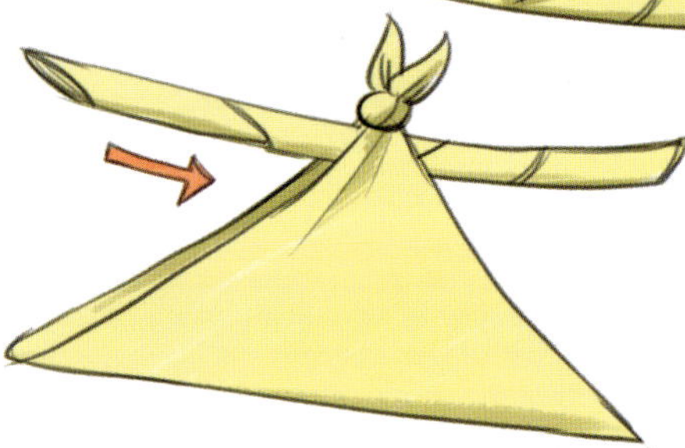

3 Enroule sur lui-même le second foulard, puis glisse-le sous le nœud que tu viens de faire.

4 Noue chaque extrémité de ce second foulard avec les coins laissés libres. Voici les bretelles de ton sac à dos ! Il ne te reste plus qu'à y glisser les bras. Original, non ?

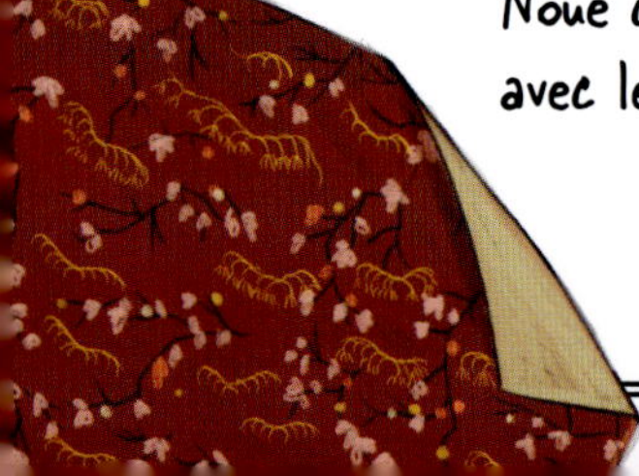

Un petit gilet

Pour te protéger du soleil durant l'après-midi,
ou bien du vent frais de la soirée, le furoshiki est là !

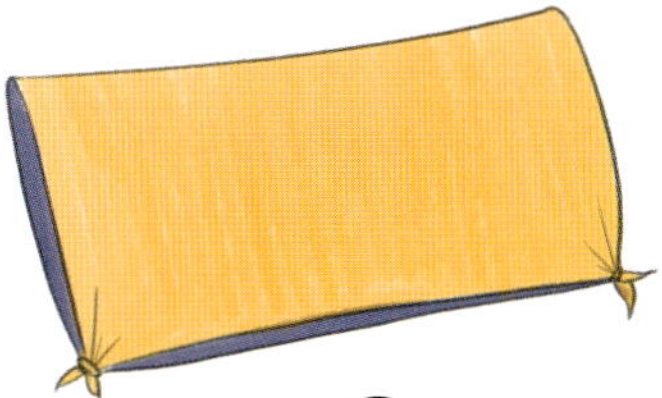

1 Plie un grand foulard et noue les coins deux à deux.

2 Retourne le pliage pour cacher les nœuds.

3 Passe tes deux bras par l'ouverture du bas, et fais-en sortir un de chaque côté. Te voilà... très chic !

Un dos nu

Pour ce pliage, tu as besoin d'un grand foulard carré et de l'aide d'une amie pour faire les noeuds.

1 Attrape le foulard par les deux coins du haut.

2 Noue-les derrière ta nuque.

3 Les deux autres coins sont à nouer dans le bas de ton dos. Voici le dos...

4 Et de face ! Pas mal, non ?

Des **bougies** toute L'ANNÉE

Quoi de plus magique qu'une lumière qui brille dehors, dans le jardin, quelle que soit la saison ?

ATTENTION !

Avant d'allumer un feu – même une toute petite bougie –, demande l'accord d'un adulte et conserve à proximité de la flamme un seau rempli d'eau pour éteindre un éventuel départ de feu.

EN AUTOMNE :
LES MINI-MONSTRES DE HALLOWEEN

Pour Halloween, la coutume veut que l'on transforme une citrouille en lampion. Remplace-la par des oranges !

MATÉRIEL
- DES ORANGES
- AUTANT DE BOUGIES CHAUFFE-PLAT
- 1 FEUTRE
- 1 PETITE CUILLÈRE
- 1 COUTEAU

1 Demande à un adulte de découper le quart supérieur des oranges.

2 À l'aide d'une petite cuillère, vide chaque fruit, en prenant soin de ne pas percer la peau. Au feutre, dessine un visage grimaçant sur la peau d'orange. En faisant bien attention de ne pas te couper, évide la bouche, le nez et les yeux de ton monstre avec la pointe d'un couteau.

3 Place une bougie à l'intérieur de chaque fruit et allume-la. Les mini-monstres peuvent alors envahir ton jardin !

EN HIVER : LA BOUGIE DE NOËL

Voici un moyen très simple de créer des mini-bougies naturelles à poser côte à côte pour obtenir un jardin de rêve...

MATÉRIEL
- QUELQUES MANDARINES
- AUTANT DE SOUCOUPES (OU COUVERCLES DE BOCAUX)
- DE L'HUILE
- 1 COUTEAU

1 Découpe la moitié supérieure des mandarines. Utilise la pointe d'un couteau pour obtenir un bord très régulier, ou bien tes doigts pour arracher le haut du fruit et ainsi avoir un résultat « dentelé ».

2 Avec soin, retire tous les quartiers de fruits sans casser la tige blanche du milieu. Elle servira de mèche. Attention de ne pas déchirer la moitié de peau que tu veux garder.

3 Dévore les quartiers de mandarines ! Certes, ce n'est pas très utile pour fabriquer les bougies, mais il serait dommage de ne pas manger de si bons fruits !

4 Pose chaque mandarine sur une soucoupe. Verse une cuillerée à soupe d'huile dans chaque demi-mandarine. Puis fais couler un peu d'huile le long de la mèche afin de bien l'imbiber.

5 Demande à un adulte d'approcher la flamme d'une allumette du haut de la mèche. Et voilà, tes bougies-mandarines sont prêtes à enchanter la nuit !

AU PRINTEMPS :
LES LAMPES DE PÂQUES

MATÉRIEL
- DES POTS DE YAOURT EN VERRE
- AUTANT DE BOUGIES CHAUFFE-PLAT
- DE LA PEINTURE EN TUBES

1 Lave soigneusement les pots de yaourt.

2

Si tu veux créer une lumière colorée, passe d'abord une première couche de peinture mélangée à beaucoup d'eau, sur tout le pot.

3

Laisse sécher, puis décore chaque pot avec de la peinture non délayée.

Attention ! Choisis un dessin simple et petit, car plus il occupera de place sur le pot, plus il cachera la lumière de la bougie. Dépose les bougies dans les pots de yaourts ainsi décorés.

En été : la lanterne de plage

Matériel

- 1 boîte de conserve
- 1 long bâton
- 1 bougie chauffe-plat
- 1 ficelle d'env. 30 cm
- Un marteau
- De la colle liquide

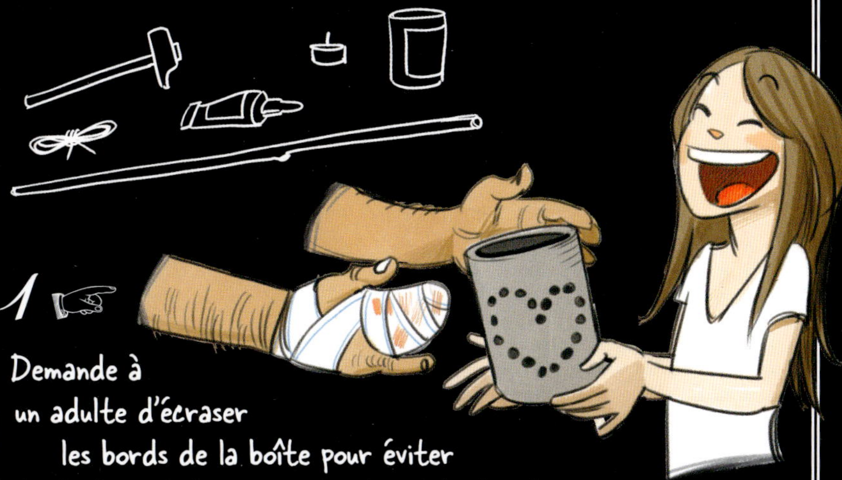

1 Demande à un adulte d'écraser les bords de la boîte pour éviter de te couper. Demande-lui également de percer des trous tout autour de la boîte en utilisant le marteau et le gros clou. Ces trous peuvent être disposés au hasard ou bien former un motif (soleil, cœur, étoile...).

2 Pour terminer, il faut percer deux gros trous près du bord supérieur, de chaque côté.

3 Passe chaque extrémité de la ficelle par les trous et fais un nœud pour réaliser une sorte de anse. Enduis la boîte de colle et roule-la dans le sable pour la décorer. Tu peux aussi coller des coquillages ou de petits morceaux de bois...

4 Passe le bâton dans la anse. Cela te permettra de tenir la lanterne à bonne distance et éviter ainsi de te brûler. Place la bougie dans la boîte et demande à un adulte de l'allumer. À la nuit tombée, ta lanterne portative éclairera tes petites promenades sous la lune...

Mon calendrier des fruits et légumes

Pour réaliser des recettes qui ont du goût, manger sainement et respecter la nature, suis notre calendrier des fruits et légumes !

Plus de saisons ?

Dans les supermarchés, tout au long de l'année, on peut trouver tous les fruits et tous les légumes. En France, la saison des haricots verts s'étale de juin à septembre. Les autres mois de l'année, le magasin peut se fournir en Afrique du Sud.

Cela nous donne alors l'impression que ces légumes poussent 365 jours par an ! Or non, en Europe, il y a une saison pour chaque fruit et chaque légume.

Pourquoi bio ?

Produire bio signifie ne pas utiliser de produits chimiques nocifs pour la Terre, et peut-être même pour notre corps. Tu peux également choisir d'acheter des produits de ta région dont le transport pollue moins que si les légumes venaient de beaucoup plus loin.

Au marché

Le mieux pour savoir quel fruit ou légume pousse en ce moment est de te rendre au marché où les agriculteurs vendent les produits qu'ils ont eux-mêmes cultivés.

C'est un vrai plaisir de voir les couleurs et de sentir les odeurs des produits.

De plus, en consommant au bon moment de l'année, tu respectes le rythme de la nature. Et c'est aussi le moment où ces fruits et légumes sont les meilleurs : bien mûrs, avec plein de vitamines !

Le jeu du calendrier

Distribue une feuille blanche à chaque membre de ta famille.

- Demande-leur de tracer 4 colonnes et d'écrire ou de dessiner les fruits et légumes pour chaque saison en un temps imparti (1 minute, c'est rigolo !).
- Prends une grande feuille de carton. Traces-y quatre colonnes, une pour chaque saison.
- Trace ensuite autant de lignes qu'il y a de personnes dans ta famille, plus une qui sera celle des « Fruits et légumes ». Note, dans cette ligne, les bonnes réponses.

- Dans les autres lignes, reporte le nombre de bonnes réponses de chacun (voir les réponses à la page suivante).

Qui est le plus gourmand ? Celui qui aura le plus de points, bien sûr !

Découpe le haut de ton calendrier. Il peut alors être accroché dans la cuisine : un petit aide-mémoire très pratique !

	Printemps	Été	Automne	Hiver
Fruits et légumes				
papa				
maman				
Nathan				
Nadia				

Le calendrier

En hiver

décembre, janvier, février

Les légumes

carotte
céleri
chou
pomme de terre
poireau
endive
salsifis
mâche

Les fruits

pomme
poire
banane
clémentine
orange

Au printemps

mars, avril, mai

Les légumes

radis
asperge
fenouil
navet
épinard
laitue romaine
concombre
aubergine
betterave rouge

Les fruits

pamplemousse
pomme
tomate à partir de mai

et plus on se rapproche de l'été plus les fruits se diversifient avec :

prune
pêche
melon
framboise
nectarine

En été

juin, juillet, août

Les légumes

- brocoli de juin à octobre
- artichaut de juin à septembre
- haricot vert de juin à septembre
- aubergine
- poivron
- concombre
- oignon
- petits pois juin/juillet

Les fruits

- fraise
- cerise
- mûre
- groseille
- myrtille
- cassis
- prune
- pêche
- nectarine
- abricot

En automne

septembre, octobre, novembre

Les légumes

- carotte
- brocoli
- chou
- épinard
- poireau
- citrouille
- potiron
- topinambour

Les fruits

- raisin
- figue
- pomme
- noix
- noisette

Déjeuner à la japonaise

Pour un déjeuner original, inspire-toi du bento japonais, une petite boîte très ludique.

QUE MET-ON DEDANS ?

Les Japonais apportent leur repas du midi dans une boîte que l'on appelle le bento. Il est traditionnellement divisé en plusieurs compartiments dans lesquels sont disposés du riz, de la viande ou du poisson, des légumes, des fruits. C'est un repas très équilibré. Sans oublier la sauce ni les petits piques en bois ou en plastique pour attraper les aliments.

Pour les enfants, le bento est plus rigolo ! Généralement les mamans japonaises prennent le temps de leur composer des créations amusantes et… appétissantes !

UNE JOLIE... DÉGUSTATION

Amuse-toi à décorer ta nourriture pour qu'elle ressemble à des personnages de dessins animés ou à des animaux. En japonais, cela se nomme kyaraben.

Utilise du colorant alimentaire pour donner différentes couleurs au riz, sculpte des formes de nez, yeux, oreilles, etc., dans des légumes, des fruits ou des algues.

Avec le reste des aliments, mets en scène les personnages… avant de déguster le tout ! Laisse aller ton imagination !

DES COLORANTS NATURELS

Pour colorer ton riz, ajoute dans l'eau de cuisson une petite cuillerée de safran en poudre pour qu'il soit jaune, du jus de tomates pour obtenir du rouge ou une tranche de betterave crue pour du rose.

Inspire-toi de la couleur obtenue pour créer un cochon, un poussin ou un champignon. Des grains de maïs peuvent représenter des yeux, une tomate cerise un nez, un radis découpé fera une jolie fleur, etc.

Les accessoires

Pour transporter ton repas, utilise une boîte en plastique que tu auras pris soin de décorer au feutre indélébile. Pour créer des jolies formes dans une tranche de jambon ou sur une fine rondelle de radis ou de carotte, il existe des perforeuses aux découpes originales dans les rayons de loisirs créatifs des magasins.

Pour faire de jolies formes dans du pain de mie ou du fromage, par exemple, tu peux utiliser des emporte-pièces à gâteau. Et un pinceau fin neuf trempé dans du colorant alimentaire te permet également de dessiner sur la nourriture. Laisse libre cours à ton imagination !

Des animaux à dévorer

Le poussin

Matériel
- Du riz
- 1 olive
- 1/2 carotte
- 1 c. à c. de sauce tomate

Colore du riz en jaune (voir ci-contre). Tasse-le dans une cuillère à soupe, puis donne-lui une forme ovale. À l'aide de la paire de ciseaux, coupe de petits morceaux d'olive et de carotte. L'olive deviendra les yeux, et la carotte, la crête, le bec et les pattes. Ajoute un tout petit peu de sauce tomate pour colorer les joues du poussin. Et le tour est joué !

La souris

Fais cuire un œuf dur. Cuis également le haricot vert. Utilise ce dernier en guise de queue. Les raisins secs deviendront les oreilles, et des brins de ciboulette les moustaches. Pour les yeux, tu peux enfoncer soit les deux clous de girofle ou bien deux morceaux d'olives. Coupe légèrement le dessous de l'œuf pour le faire tenir dans la boîte.

Matériel
- 1 œuf
- 1 haricot vert
- 2 raisins secs
- 1 brin de ciboulette
- 2 clous de girofle ou bien 1 olive
- Un couteau

Quand le vent SOUFFLE

Le vent souffle et toute la nature s'anime. Fabrique un moulin avec une simple bouteille pour participer à cette fête !

Matériel
- 1 bouteille en plastique
- 1 bouchon en liège
- 1 gros clou
- 1 bâton de min. 50 cm de long
- Une paire de ciseaux
- De la peinture acrylique

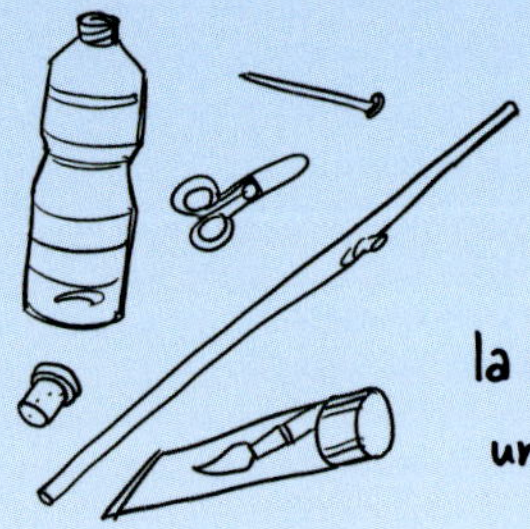

1 Découpe le fond de la bouteille pour en garder une hauteur d'env. 20 cm.

2 Découpe ensuite la bouteille dans la hauteur en cinq parties égales, en prenant garde de ne pas trop approcher du goulot de la bouteille qui doit rester bien solide.

3 Écrase bien le tout pour aplatir l'ensemble, sauf la partie du goulot, bien sûr !

4 Avec la peinture, décore chaque ailette de ton moulin à vent, puis laisse bien sécher.

5 Pendant que la peinture sèche, demande à un adulte de planter le clou dans le bâton, près de l'une des extrémités.

6

À l'aide du clou, perce le bouchon, puis retire-le.

7

Tu peux peindre ton bâton ou bien le laisser au naturel…

8

Pose la bouteille découpée, le goulot vers le bas, autour du clou.

9

Enfonce le bouchon dans le goulot et pique-le dans le clou.

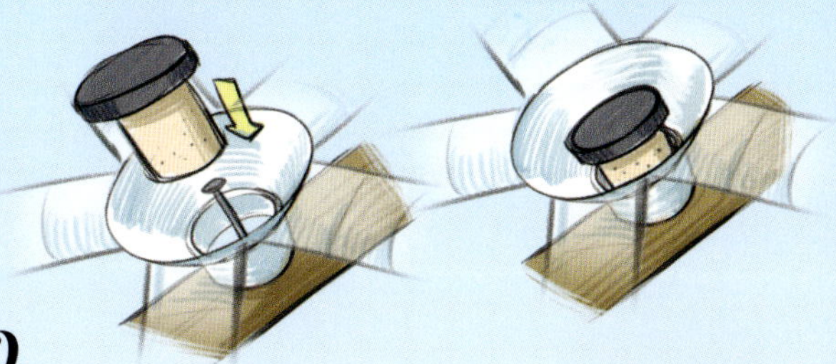

10

Le tout ne doit pas être coincé, mais pouvoir tourner facilement sous l'action du vent.

Et voilà, il ne te reste qu'à attendre le prochain coup de vent pour admirer ton moulin en mouvement.

Souffle ! Souffle !

Un pot-pourri MAISON

Quel nom étrange pour une si jolie chose qui sent si bon !

Un pot-pourri se compose de pétales de fleurs, de plantes et d'épices odorantes. Avant de commencer, munis-toi d'un cahier pour noter la composition de chacune de tes « recettes » ainsi que tes impressions sur l'odeur qui s'en dégage.

Les fleurs

Cueille des fleurs variées et, de préférence, celles qui ont un fort parfum (rose, lavande, jasmin…), et une belle couleur vive.

Le séchage naturel

Détache délicatement les pétales et dépose-les dans un saladier ou un petit panier en osier. Ajoute des herbes aromatiques (menthe, thym…), des épices (clous de girofle, graines de cardamome, gousse de vanille...).

Pose le saladier dans un endroit sec et tempéré. Remue le mélange tous les jours pour accélérer le séchage.

Corser l'odeur

Pour décorer l'ensemble et corser l'odeur, ajoute des rondelles d'orange ou de citron séchées. Pour cela, découpe les fruits, fais sécher les rondelles dans un four peu chaud ou bien, en hiver, sur un radiateur. Puis ajoute-les au mélange.

Coupelle ou sac en tissu ?

Dépose ton pot-pourri dans une coupelle afin qu'il diffuse son parfum dans la pièce où il se trouve. Mais pense à le remuer de temps en temps pour réveiller son odeur.

Pour parfumer les vêtements, choisis alors de conserver le mélange dans un petit sac en tissu à glisser dans ton armoire. Dans ce cas, pour bien libérer l'odeur des fleurs et épices séchées, mieux vaut, de temps à autre, écraser et faire rouler le sac entre tes doigts.

Un drôle DE NOM !

Du pourri qui sent bon ?!
Autrefois, les pots-pourris étaient fabriqués à partir d'ingrédients frais (herbes, épices...) qu'on laissait macérer des mois jusqu'à ce qu'ils soient… pourris et qu'ils aient une odeur forte.

Au Moyen Âge, même les seigneurs vivaient dans des pièces dont le sol était le plus souvent simplement composé de terre battue. Pour que le sol soit moins froid, on avait alors l'habitude de recouvrir cette terre de paille et d'herbe séchée, comme on le fait encore dans les étables.

Chaque jour, ce foin, qu'on appelait une jonchée, était changé.
Et les jours de fête on y ajoutait des fleurs, pour une ambiance « parfumée »...

Un pot... tressé

Fini le bureau en bazar :
voici comment fabriquer un pot avec du matériel recyclé !
Pratique pour ranger les crayons !

Prépare ton matériel

Trouve de jolis papiers de grande taille et découpe des bandes d'environ 3 cm de large, les plus longues possible. (Avec des bandes de 50 cm de long, ton pot atteindra 12 cm de hauteur.)

Pense à utiliser du papier journal, du papier cadeau, une vieille carte routière… À toi de dénicher les papiers les plus originaux possible !

La réalisation

1 Découpe 16 bandes de papier.

2 Plie chaque bande dans le sens de la largeur afin de les rendre plus épaisses et ainsi de les solidifier.

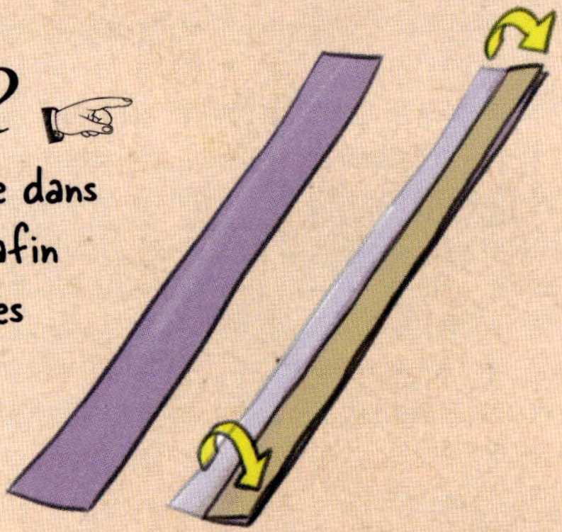

3 Pose 8 bandes ainsi pliées sur la table, en hauteur, bien parallèles.

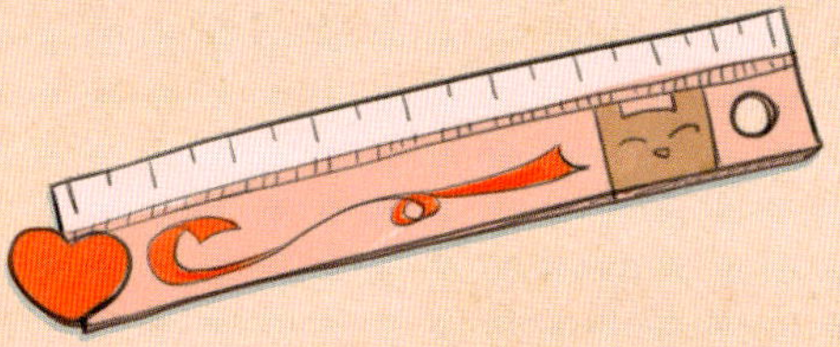

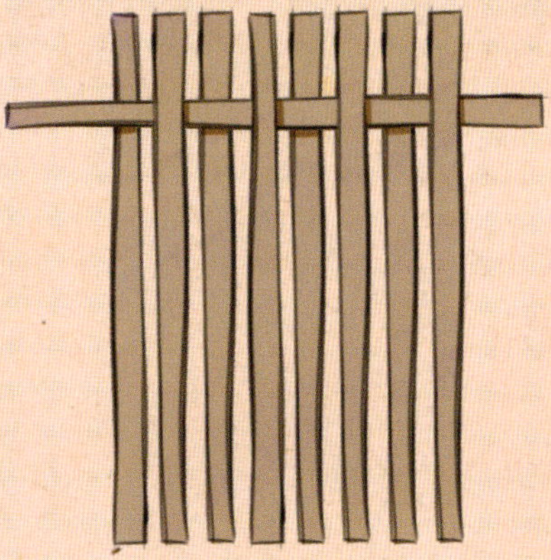

4

Ensuite, réalise le tissage.
Passe une nouvelle bande, perpendiculairement aux premières, en la glissant alternativement sur et sous les bandes verticales.

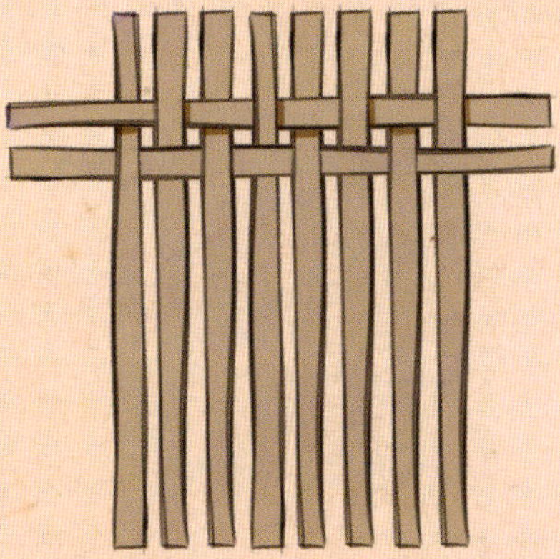

5

Prends une nouvelle bande et glisse-la de la même façon que la précédente. Mais, attention, il faut alterner le tissage « dessus/dessous » pour qu'il ne soit pas identique à celui de la bande précédente. Si la bande précédente passe dessus, cette fois-ci, avec la nouvelle bande, tu passes dessous.

6

Procède de même avec les 6 bandes restantes. À la fin, ton tissage doit représenter comme une grande croix.
Pour solidifier l'ensemble, resserre bien les bandes et pose quelques morceaux de ruban adhésif.

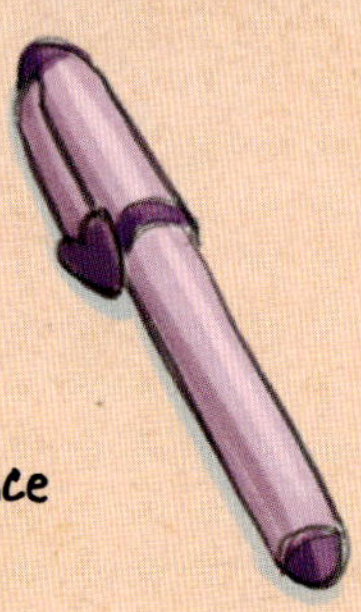

7

À présent, attrape 2 bandes de papier au centre de l'un des côtés. Croise-les et commence à les tisser en ajoutant, au fur et à mesure, les 6 autres bandes de ce même côté.

8

Quand tu as tissé toutes les bandes d'un même côté, tu as formé un losange. Fixe-le en son centre, provisoirement, avec une pince à linge par exemple.

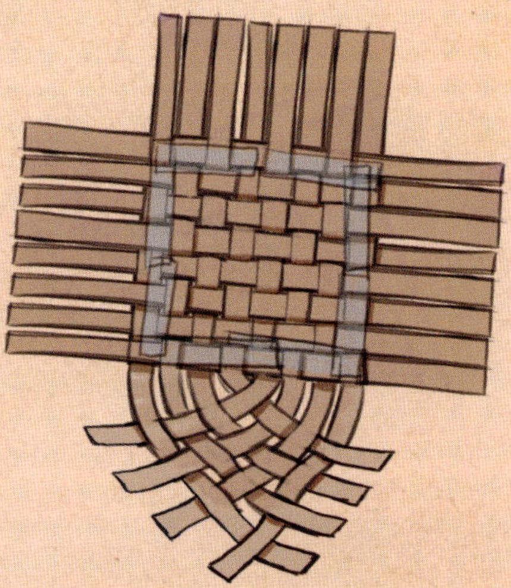

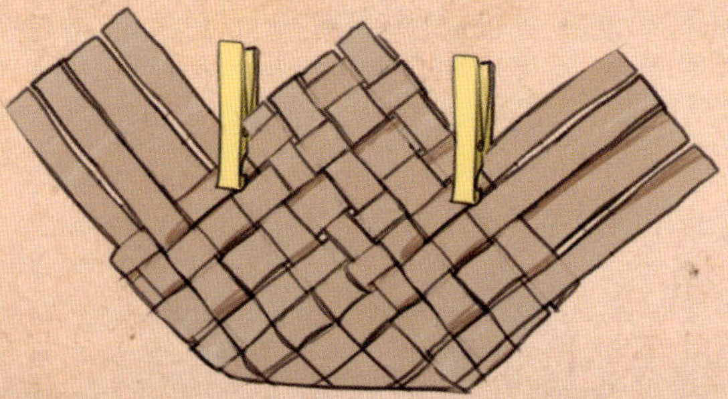

9

Tisse de la même façon les trois autres côtés en commençant toujours avec deux bandes centrales.

10

Réunis maintenant les angles en tissant les côtés des losanges : un côté d'un losange au côté du losange le plus proche, et ainsi de suite.

Termine le haut du panier en repliant toutes les bandes vers l'intérieur du pot. Si certains morceaux de papier sont trop longs, coupe-les. Appuie très fort sur les plis du haut pour éviter que les bandes ne se redressent.

Et voici le résultat ! À tes stylos !

Des messages **secrets**

Certains secrets ne sont destinés qu'à ta meilleure amie. Pour que personne d'autre ne les apprenne, découvre les encres invisibles et les codes secrets !

LES ENCRES INVISIBLES

JUS DE CITRON ET BOUGIE

La meilleure encre invisible ? Du jus de citron !

Trempe un pinceau fin dans du jus de citron et écris ton secret sur une feuille de papier.

C'est facile ! Une fois sec, le jus de citron devient invisible… Quand ton amie voudra lire ton secret, il lui faudra passer, en faisant très attention, le papier au-dessus de la flamme d'une bougie. En chauffant, le jus de citron devient brunâtre et tes mots apparaissent… comme par magie !

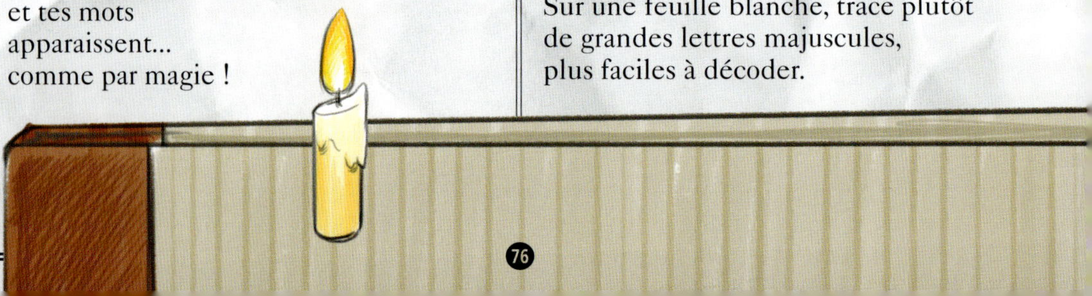

Et si tu n'as pas de citron sous la main, tu peux écrire ton secret avec l'effaceur que tu utilises en classe.

Pour lire ton message, il suffira à ton amie de gribouiller la feuille avec l'encre d'un stylo plume. Tes mots ne seront alors visibles qu'à ses yeux !

SAVON ET CRAYON NOIR

Il existe un moyen bien plus sûr de camoufler tes secrets. Cette méthode utilise du matériel qu'on a forcément à disposition : du savon et un crayon noir.

Prends un petit savon bien sec. À l'aide d'une bonne paire de ciseaux, et en faisant bien attention, taille-le grossièrement pour obtenir une sorte de pointe.

Utilise ton savon comme un gros feutre pour écrire ton message. Sur une feuille blanche, trace plutôt de grandes lettres majuscules, plus faciles à décoder.

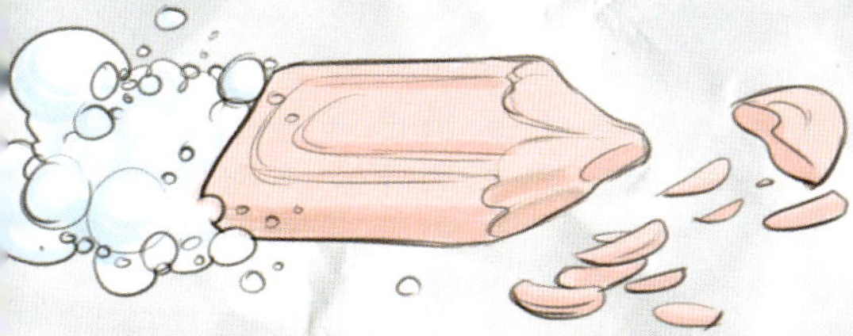

Quand ton amie recevra ton message, il lui suffira de colorier toute la surface de la feuille à grands coups de crayon noir. Le texte apparaîtra en blanc sur fond noir, car la mine du crayon ne laisse pas de trace sur les parties « protégées » par le savon !

Un code secret sur mesure

Le code secret le plus simple à utiliser consiste à remplacer chaque lettre de l'alphabet par un chiffre.

1 = A	10 = J	19 = S
2 = B	11 = K	20 = T
3 = C	12 = L	21 = U
4 = D	13 = M	22 = V
5 = E	14 = N	23 = W
6 = F	15 = O	24 = X
7 = G	16 = P	25 = Y
8 = H	17 = Q	26 = Z
9 = I	18 = R	

MESSAGE SECRET

20-5-12-5-16-8-15-14-5 – 13-15-9 22-9-20-5 !

Solution : Téléphone-moi vite !

Voilà qui va te permettre de mettre tes secrets à l'abri des regards curieux !

Des jeux de société *à* FABRIQUER

Pendant les vacances, si tu as oublié d'emporter tes jeux de société, fabriques-en avec ce que tu peux trouver dans la nature.

Les galets dominos

- Trouve 28 galets plats et nettoie-les soigneusement.
- Peins ensuite des points sur toutes les pierres pour reproduire les 28 pièces d'un jeu de domino.

Astuce
Pour donner un bel aspect à tes galets et que les points et les séparations dessinés ne s'effacent pas, utilise du vernis à ongles emprunté à ta maman.

Règle du jeu

Retourne tous les galets dominos sur la table pour cacher les points.

Mélange-les et distribue 6 dominos à chaque joueuse. Les dominos qui n'ont pas été distribués forment la pioche.

La joueuse qui a le double 6 doit le poser. Si le double 6 n'a pas été distribué, c'est le double avec le plus de points qui est posé en premier.

Ensuite, chacune leur tour, les joueuses posent un domino à l'une des extrémités de la chaîne de galets, à condition que le domino posé ait, sur l'une de ses moitiés, le même nombre de points que la moitié de domino déjà posé.

Si une joueuse ne peut pas poser de domino, elle en pioche un.

Si ce domino peut alors être déposé, la joueuse le joue. Dans le cas contraire, son tour est fini.

La première joueuse qui a pu poser tous ses dominos a gagné.

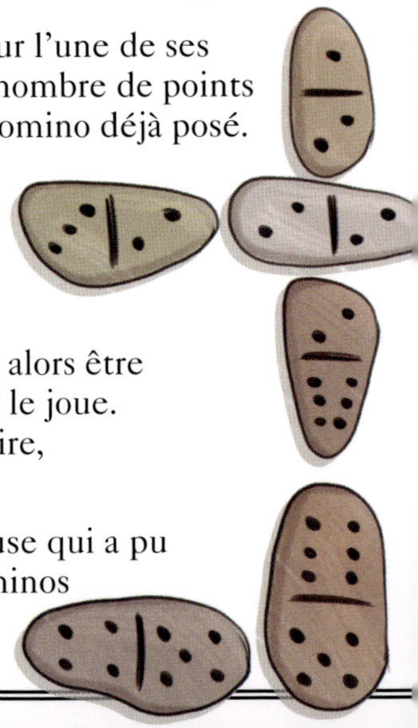

Les branches mikado

- Trouve 21 branchettes de même taille et le plus droites possible.
- Demande à un adulte de retirer toute l'écorce de l'une des baguettes avec un couteau. Elle sera le mikado.
- Fais ensuite retirer 4 anneaux d'écorce sur 5 baguettes : elles seront les samouraïs.
- Il reste à retirer 2 anneaux d'écorce sur 5 autres baguettes qui seront les mandarins.
- Enfin, laisse les 10 dernières baguettes entièrement recouvertes d'écorce. Elles seront les bonzes.

Des noms venus d'Asie

Les baguettes du jeu de mikado portent des noms japonais. En effet, c'est en Chine et au Japon que le vieux jeu européen des jonchets a été transformé pour devenir le mikado. On a donc gardé les noms traditionnels pour désigner les pièces qui ont des valeurs différentes.

- Le mikado, c'est l'empereur du Japon.
- Le samouraï était un guerrier japonais.
- Le mandarin était un puissant fonctionnaire chinois.
- Le bonze est toujours un religieux bouddhiste.

Règle du jeu

Tiens toutes les branchettes rassemblées en bouquet dans ta main fermée. Laisse tomber l'ensemble sur ta table d'un seul coup, hop ! Chacune leur tour, les joueuses, en commençant par la plus jeune, essaient d'attraper une branchette. Elle peut la garder si, en la ramassant, aucune autre branchette n'a bougé… La joueuse rejoue tant qu'elle réussit. Mais, attention, dès qu'une branche bouge, même un tout petit peu, son tour est fini !

Quand toutes les branchettes sont ramassées, les joueuses comptabilisent leurs points :

- le mikado vaut 20 points,
- chaque samouraï vaut 10 points,
- chaque mandarin vaut 5 points,
- chaque bonze vaut 3 points.

Celle qui a le plus de points a gagné !

L'été en **paréo**

En vacances, pense à mettre un de ces grands foulards dans ta valise. Suivant ton humeur, tu le porteras en robe, en jupe, en short ou en sarouel !

UNE ROBE COLLIER

1

Tiens ton paréo horizontalement, derrière toi. Le milieu du grand rectangle doit se trouver au milieu de ton dos.

2

Ramène les deux coins du haut devant toi, croise-les sur ta poitrine.

3

Fais un nœud derrière ta nuque.

4

Tu peux porter cette robe avec ou sans ceinture.

Une robe asymétrique

1

Tiens le paréo horizontalement, derrière toi, mais, cette fois, positionne le milieu du grand rectangle sur le côté, sous l'un de tes bras.

2

Fais passer le coin avant sous ton autre bras, vers l'arrière.

3

Place le coin arrière devant ta poitrine.

4

Noue les deux coins sur une épaule.

5

Très joli pour rentrer de la plage !

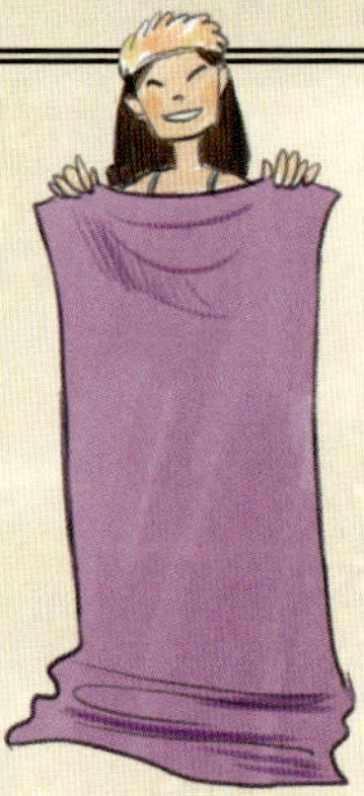

Une robe dos nu

1 Cette fois, place le paréo verticalement et devant toi.

2 Noue les deux coins du haut derrière ta nuque. Laisse pendre le rectangle de tissu devant toi.

3 Attrape les deux coins du bas, fais-les passer entre tes jambes.

4 Remonte le tissu jusqu'à ta taille, ramène les deux coins devant et fais un nœud.

Parfaite pour les journées de grande chaleur !

Un combi-short sportif

1 Place le paréo à la verticale devant toi, en positionnant le haut du rectangle juste sous tes bras. Noue les deux coins du haut dans ton dos.

2 Laisse pendre le rectangle devant toi, attrape les deux coins du bas, et passe-les entre tes jambes.

3 Remonte jusqu'à la hauteur de ta taille, ramène les coins devant et fais un nœud.

PRATIQUE POUR UNE PARTIE DE BALLON APRÈS LA BAIGNADE !

UN SAROUEL ORIGINAL

1

Place le paréo verticalement devant toi à la hauteur de ta taille.

2

Noue les deux coins du haut derrière ton dos.

3

Attrape ton paréo à peu près à la moitié de sa hauteur, et fais passer le tissu entre tes jambes. Remonte jusqu'à ta taille et emmène-le vers l'arrière.

4

Ramène tes mains vers l'avant et noue les deux coins du tissu.

5

Voilà un joli sarouel qui peut se porter court ou long suivant l'endroit où tu attrapes le tissu pour faire le second nœud.

Je recycle les POTS *de* yaourt

Voici quelques idées pour transformer les pots vides en objets utiles et… jolis !

Esprit jardin

Si tu te sens l'âme d'une jardinière, sache que les pots de yaourt en plastique sont très utiles pour réaliser des semis de fleurs ou de légumes.

Pour cela, lave-les bien et perce le fond du pot de quelques trous afin que l'eau s'écoule bien.

Remplis-les de terreau, à mi-hauteur, sèmes-y les graines, recouvre encore d'un peu de terreau. Arrose légèrement. Quelques jours plus tard, tu verras apparaître une jeune pousse à replanter dans un pot plus grand.

Esprit déco

La guirlande multicolore

Matériel

- Des petits pots de yaourt (type au fromage frais, aromatisés aux fruits)
- Une paire de ciseaux
- Un feutre noir
- Un cutter
- Une guirlande lumineuse

1 Commence par bien laver les pots de yaourt. Découpe le haut du pot (la partie carrée). Avec le feutre, dessine la forme que tu souhaites donner aux pétales de ton pot : arrondis, en pointe, en cœur, en flèches…

2 Découpe-les en suivant la trace du feutre.

3 Demande à un adulte de faire une entaille au fond de chaque pot à l'aide du cutter et d'y insérer l'ampoule de la guirlande.

4 Pense à bien alterner les différentes couleurs des pots, ce sera plus gai !

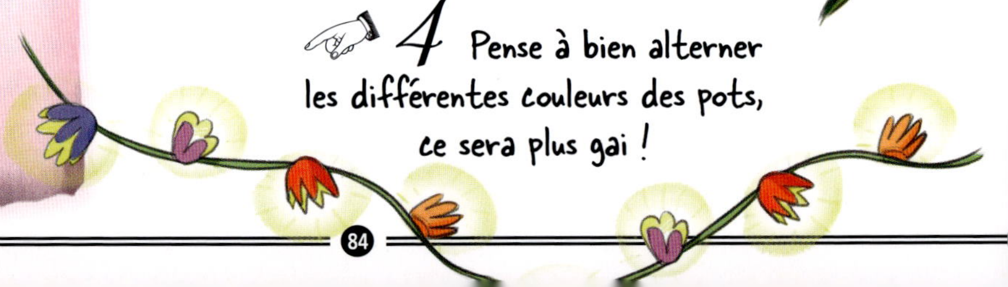

Des photophores en verre

Les pots de yaourt ou de crème en verre font un excellent matériel de base pour décorer une table !

Commence par bien laver tes pots et essuie-les bien.

Si tu es pressée, tu peux juste glisser une petite bougie chauffe-plat au fond. Voilà un photophore de fortune vite fait bien fait !

Pour obtenir un photophore plus raffiné, remplis d'eau les pots jusqu'à la moitié de leur hauteur.

Laisse flotter une petite bougie de chauffe-plat. Attention, déplace les pots lentement sur la table sinon la flamme risque de s'éteindre.

Et pourquoi ne pas remplacer l'eau par du sable ? Cale la bougie dans le sable et, pour rendre l'ensemble encore plus joli, enroule du raphia sur le haut du pot.

Tu peux aussi placer un morceau de tissu et le faire tenir avec le raphia ou un autre ruban.

Si tu invites tes copines à dîner, le raphia te servira à glisser un petit papier sur lequel tu auras inscrit le nom de chacune de tes amies. Pratique pour savoir où s'asseoir à table dans ce dîner très chic !

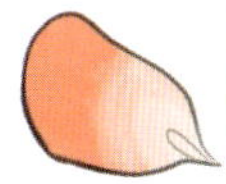

☛ D'autres styles

Glisse d'autres éléments sous le raphia pour donner une touche plus personnelle à ton photophore, comme, par exemple, un bâton de cannelle, une fleur coupée, un pétale de rose…

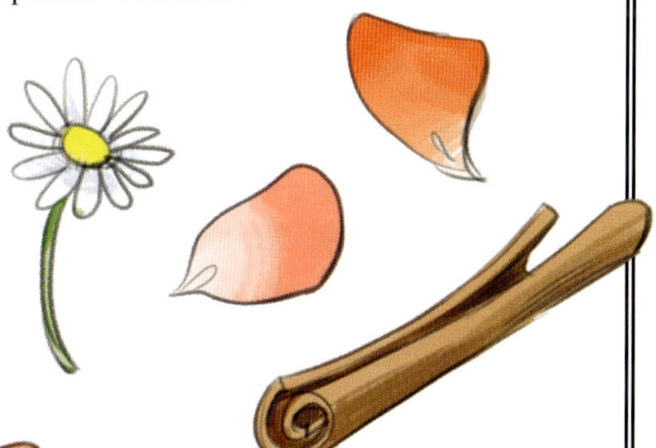

Garde toujours quelques pots de yaourt sous la main, il y a toujours quelque chose à faire avec !

Des BOISSONS de saison

Quatre recettes pour faire le plein de vitamines toute l'année !

La limonade pour se désaltérer en été

Ingrédients

- 4 citrons
- 200 g de sucre
- 1 litre d'eau
- Un grand récipient tolérant le chaud

- Râpe soigneusement les zestes des 4 citrons.
- Mets les zestes dans le récipient et saupoudre-les de sucre.
- Laisse macérer durant une demi-heure.
- Fais bouillir l'eau et verse-la sur la préparation. Laisse refroidir le tout.
- Presse le jus des citrons et verse-le dans la préparation.
- Mets le saladier au réfrigérateur. Cette limonade se sert bien fraîche !

☛ **Un truc**

Ajoute des glaçons et des rondelles de citron pour la déco.

Si tu veux une limonade pétillante, tu peux ajouter de l'eau gazeuse à la préparation !

Le jus d'agrumes pour retrouver de l'énergie en hiver

- Garde 1 citron et presse le jus des fruits.
- Bats les jaunes d'œufs dans un saladier.
- Ajoute le lait, le jus des agrumes et le sucre.
- Mets le mélange au frais. Avant de servir, ajoute le jus du dernier citron.

☛ **Un truc**

Pour un jus plus acide, ajoute 1 pamplemousse et supprime 1 ou 2 cuillerées de sucre de la recette. Tu peux aussi remplacer le sucre blanc par du sucre roux et goûter la différence !

Ingrédients

- 5 oranges et 3 citrons
- 8 c. à s. de sucre
- 3/4 de litre de lait
- 4 jaunes d'œufs

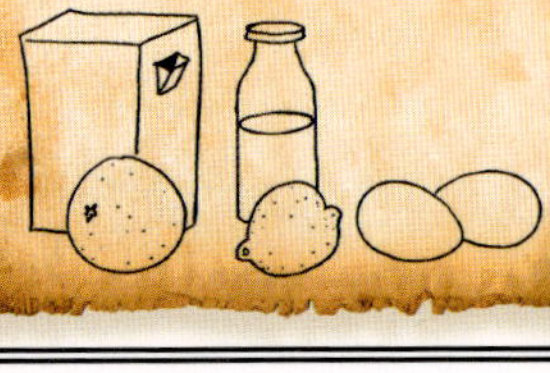

Jus de légumes du printemps

Tu as remarqué ? C'est un jus de légumes… aux fruits !

Ingrédients
- 4 pommes
- 6 carottes
- 4 branches de céleri
- 1 citron

- Lave bien les légumes et épluche-les.
- Coupe-les en petits morceaux et passe-les au mixer ou à la centrifugeuse.
- Verse le mélange dans une carafe et ajoute le jus du citron que tu auras pressé.
- Mets la préparation au réfrigérateur pour la servir fraîche.

☛ Un truc

Remplace le jus de citron par une betterave que tu mixes avec les autres fruits et légumes, ton jus prendra alors de la couleur !

Glacer les verres

Pour donner une touche « cocktail » à tes verres, tu peux leur faire prendre un effet glacé. Pour cela, presse un citron et verses-en le jus dans une assiette. Remplis une autre assiette de sucre en poudre. Trempe les bords de tes verres d'abord dans le jus puis dans le sucre, et mets-les immédiatement au frais ! Sensation sucrée-glacée garantie !

Le jus de tomates pour garder le tonus en automne

Ingrédients
- 6 tomates bien mûres
- 2 branches de céleri
- 2 citrons

- Fais bouillir de l'eau dans une casserole.
- Glisse les tomates dans l'eau quelques secondes, passe-les sous l'eau froide. Tu peux à présent les peler sans problème.
- Coupe le céleri en petits morceaux et passe-le au mixer avec les tomates.
- Si tu n'aimes pas les pépins de tomates, tu peux filtrer le mélange dans une passoire.
- Incorpore ensuite le jus du citron et mets le tout au frais.

☛ Un truc

Pour un mélange plus épais, remplace le céleri par 2 avocats. Ce sera plus nourrissant !

Un jeu tout FOU : *le* QUART *de* singe

Un jeu rapide, qui ne demande aucun matériel, et qui met une joyeuse ambiance !

En rond, assises par terre, les joueuses ont chacune pour mission de… ne pas devenir un singe, et ce n'est pas si facile !

Début de partie

La plus jeune joueuse commence en annonçant une lettre : par exemple, elle dit D. Cela signifie qu'elle pense à un mot qui contient cette lettre.

La joueuse suivante doit choisir entre deux actions possibles :

- **Action n° 1** : annoncer une autre lettre, par exemple E, ce qui signifie qu'elle connaît un mot qui contient les 2 lettres D et E (« dent » ou « réduit », par exemple).
- **Action n° 2** : défier la joueuse précédente de donner son mot.

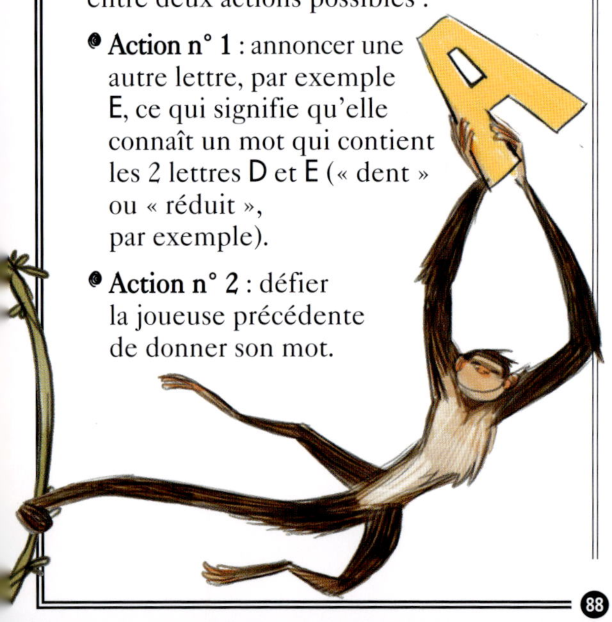

Ça se complique…

Bien sûr, avec deux lettres, c'est facile ! Mais, attention, le jeu continue… et, chacune à son tour, les joueuses ajoutent une lettre. Il va devenir de plus en plus difficile de trouver un mot !

Le bluff

Si après D et E, les lettres annoncées sont F, U, T et Y, tu n'as certainement aucune idée de mot à lancer. Défie alors la joueuse précédente (elle est obligée d'annoncer le mot auquel elle avait pensé), ou bien, ajoute une nouvelle lettre, au hasard, en prenant un air très confiant, très inspiré… pour que la joueuse suivante croie que tu as effectivement un mot en tête. C'est ce que l'on appelle le bluff !

Le défi

La joueuse défiée doit immédiatement annoncer un mot qui contient toutes les lettres en jeu. Si elle y arrive, son accusatrice prend un « quart de singe ».

Si la joueuse défiée ne peut pas annoncer de mot, c'est elle qui récupère le « quart de singe ».

Le premier quart de singe

Un quart de singe, c'est une sorte de gage. Dès qu'une joueuse a pris un premier « quart de singe », elle doit d'abord lever un bras en l'air, et elle n'a plus le droit de le baisser jusqu'à la fin du jeu.

Les trois autres quarts

Si la joueuse prend un deuxième quart de singe, elle doit lever le deuxième bras et le garder levé jusqu'au bout de la partie.

Au troisième quart de singe, la joueuse doit poser ses deux mains sur sa tête.

Au quatrième quart de singe, la joueuse devient un singe complet. Elle peut baisser ses bras, mais les autres joueuses continuent de jouer sans lui adresser la parole.

Donc, au cours de la partie, les joueuses en sont à différents quarts. L'une peut en être au premier, quand une autre en sera au quatrième.

La guérison

La joueuse qui est devenue un singe peut réussir à redevenir un être humain. Pour cela, elle doit obliger l'une des autres joueuses à lui parler. Et toutes les ruses sont autorisées pour y arriver ! Proposer un jus de fruit, raconter une blague, annoncer une lettre ou un mot comme si l'on était encore dans le jeu… Peu importe, il suffit qu'une joueuse réponde au singe et hop ! le singe est guéri, il revient dans la partie. Alors la joueuse trop bavarde prend un quart de singe !

RIGOLADE ASSURÉE !

Une véritable magicienne

Voici quelques tours faciles à apprendre, mais qui font toujours leur petit effet…

★ Le 3 gagne toujours ★

Prépare le tour

Sans que personne ne te voie, prends un paquet de cartes et sors les quatre 3 (le 3 de cœur, le 3 de carreau, le 3 de pique et le 3 de trèfle). Pose ces quatre cartes sur le dessus du paquet.

Le show commence

Devant ton public, sépare le paquet en trois tas que tu poses sur la table, faces cachées de la façon suivante :

- ★ sur le premier tas, tu poses les quatre premières cartes sans les montrer (toi seule sais que ces quatre cartes sont des 3) ;
- ★ sur le deuxième tas, tu poses les trois cartes suivantes (tu ne connais pas ces cartes, ce n'est pas grave, la seule chose importante est qu'il n'y ait là que trois cartes) ;
- ★ sur le troisième tas, tu poses toutes les cartes restantes.

Annonce à ton public que tu es capable de deviner lequel de ces trois tas une personne, prise au hasard, va choisir. Puis ajoute que tu es tellement sûre de toi que tu vas écrire la réponse, là, sur ce petit papier.

Prends alors un papier et un stylo et écris dessus, en secret, le chiffre 3.

Plie le papier et pose-le sur la table, près des tas de cartes.

Précise ensuite que ces trois tas de cartes se nomment désormais de gauche

à droite 1 (les quatre 3), 2 (les trois cartes) et 3 (le reste du paquet).

Tu as gagné !

Demande à une personne de désigner l'un des paquets, puis de retourner les cartes du paquet choisi.

★ Si c'est le premier tas qui est retourné (qui contient les quatre 3), tu dis : je le savais ! Et tu déplies ton petit papier où est écrit le chiffre 3.

Applaudissements...

★ Si le deuxième tas est choisi (celui qui contient 3 cartes), tu dis : je le savais ! Et tu déplies ton papier, puis fais constater que ce paquet contient bien 3 cartes.

Applaudissements...

★ Si c'est le troisième tas (qui est en troisième position), tu dis : je le savais ! Tu déplies le papier, et fais remarquer qu'il s'agit bien du troisième tas.

Applaudissements...

★ L'arc-en-ciel ★

Prépare le tour

Trouve une pochette de feutres et vérifie bien qu'aucun des feutres n'est sec.

Le show commence

Pose la pochette sur la table devant toi, et annonce à ton public que tu as un don de télépathie avec les feutres ! Demande à un volontaire de prendre la pochette de feutres et de se mettre derrière toi. Propose-lui de choisir un feutre, de le montrer discrètement au public sans que tu puisses le voir, puis de le glisser dans tes mains que tu tiens croisées dans ton dos.

Il y a un truc !

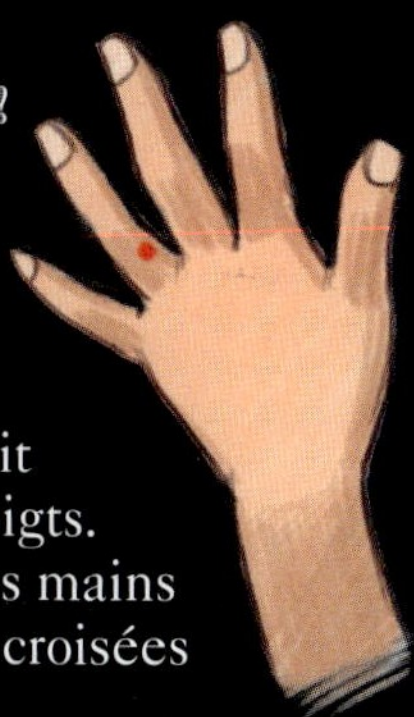

Pendant que le volontaire retourne dans le public, vite, retire le capuchon du feutre et fais un petit point sur l'un de tes doigts. Rebouche le feutre. Tes mains sont, bien sûr, toujours croisées dans ton dos. En faisant de grands gestes mystérieux, fais passer ta main marquée devant tes yeux.

Tu as gagné !

Et voilà, après avoir fait semblant de chercher un peu, annonce la couleur !

Applaudissements !

★ La pièce magique ★

Prépare le tour

Munis-toi d'une petite pièce de monnaie de dix ou vingt centimes.

Le show commence

Annonce à ton public que tu es capable de commander la pièce que voici. D'ailleurs, tu vas lui demander de rentrer dans ton bras ! Attention, est-ce que tout le monde est prêt à assister à cette grandiose séance de magie ? Les âmes sensibles peuvent s'abstenir de regarder !

Replie ton bras contre ta poitrine et montre la pièce que tu tiens dans ton autre main.

À présent, frotte cette pièce sur ton bras replié en prononçant quelques phrases magiques. Comme la pièce est petite, on ne la voit pas lorsque tu la frottes sur ton bras replié.

Mais, ho ! Comme tu es maladroite ! La pièce tombe au sol ! Laisse le public rire de ta (fausse) maladresse et reprends ton geste comme si de rien n'était... Mais voilà qu'en ouvrant ta main qui tenait la pièce, il n'y a plus rien ! La pièce a réellement disparu, certainement rentrée dans ton bras !

Il y a un truc !

En réalité, tu as fait exprès de faire tomber la pièce. Alors qu'elle est au sol, profites-en pour, discrètement, la faire passer d'une main à l'autre ! Le public s'imagine que la pièce est toujours dans ta main qui frotte ton bras, alors qu'elle se trouve à présent dans la main de ton bras replié ! Magique !

Tu as gagné !

Demande à une personne du public de s'approcher très près de toi… Détends ton bras replié et approche de son oreille ta main contenant la pièce. Oh ! Mais que cache cette personne dans son oreille ? Sors la pièce de ta main comme si elle provenait de son oreille.

Applaudissements...

★ La disparition ★

Prépare le tour

Pour ce tour, tu as besoin d'un trombone et d'un morceau de ruban adhésif.

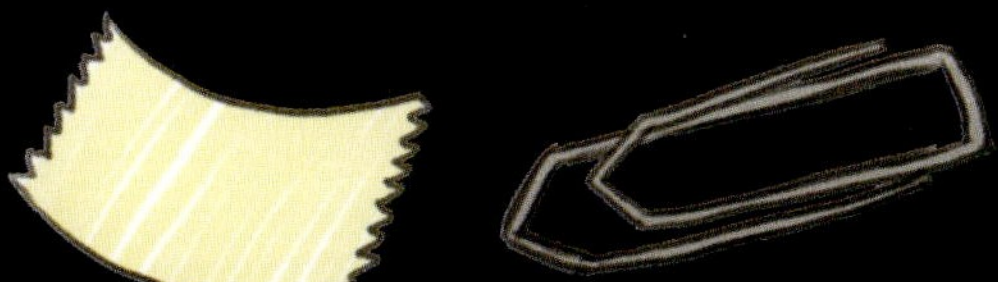

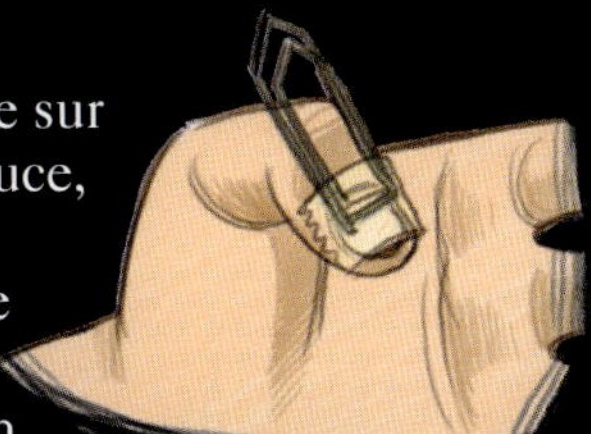

Place le trombone sur l'ongle de ton pouce, dans le sens de la hauteur. Coupe un tout petit morceau de ruban adhésif que tu colles sur l'extrémité de ton ongle pour maintenir le trombone en place.

Plie ton pouce et place ton index de la même main sur l'ongle de ton pouce. Ton index cache ainsi le morceau d'adhésif. Ne bouge plus tes doigts.

Le show commence

Préviens ton public que tes pouvoirs magiques te permettent de faire disparaître de petits objets, comme ce trombone, par exemple…

Demande à une personne d'approcher à un pas de toi, de prononcer la formule magique de son choix, puis de souffler sur le trombone… Au moment même où elle souffle, ouvre ta main d'un seul coup ! Hop ! Le trombone a disparu !

Il y a un truc !

Bien sûr, le trombone ne s'est pas envolé ! Comme tu ne montres maintenant que la paume de ta main, impossible de se douter que le trombone est toujours collé à l'ongle de ton pouce, mais il est bien caché !

Reconnaître les FLEURS sauvages

Blanches, jaunes, rouges, bleues..., elles fleurissent dans la nature ! Apprends à les reconnaître.

C'est quoi, une fleur ?

C'est l'organe qui assure la reproduction de la plante. La fleur porte des organes mâles, les étamines, et des organes femelles, le pistil. En butinant le pollen de la fleur, les insectes le transportent des étamines vers le pistil d'autres fleurs qui seront fécondées à leur tour, donnant naissance à de nouvelles plantes.

La pâquerette

C'est une fleur facile à reconnaître avec son cœur jaune vif et ses pétales blancs bien serrés et légèrement rosés. Elle fleurit presque toute l'année et apprécie le soleil car elle s'ouvre vers midi et le suit jusqu'à son coucher !

La marguerite

Cousine de la pâquerette, elle la dépasse en taille et fleurit entre mai et juillet. C'est avec ses pétales qu'on joue à « je t'aime un peu, beaucoup... ».

La primevère

Elle apprécie les terrains plutôt humides. Elle annonce le printemps en mars-avril !

Le pissenlit

Cette fleur est jaune vif avec des pétales bien fournis sur une tige robuste. Tu peux l'apercevoir de mars à novembre. Elle se transforme en plumeau duveteux. Quand tu souffles sur ce plumeau, tu fais voyager les graines de pissenlits, et peut-être donneront-elles naissance à d'autres fleurs 10 km plus loin...

Le coquelicot

Impossible de le rater ! Avec sa couleur rouge, sa tige velue et ses pétales à l'allure fripée, il est éclatant dans les champs et sur le bord des routes. Il fleurit de mai à juillet.

Le muguet

Il est en fleur d'avril à juin. Dans la nature, il pousse dans les bois. Tu le reconnais à ses clochettes blanches qui sentent très bon et à ses feuilles plutôt larges et épaisses.

La jacinthe des bois

Elle est reconnaissable à ses pétales bleus en forme de clochettes. Ses feuilles sont longues et fines. On la trouve dans les sous-bois d'avril à juin.

La jonquille

On appelle cette fleur « jonquille », mais il s'agit en fait du narcisse jaune. Elle est reconnaissable à sa longue cloche jaune entourée de pétales qui a l'air de piquer un peu du nez ! Elle fleurit d'avril à juin dans les prés et dans les bois.

Respecter les fleurs protégées

C'est agréable de cueillir des fleurs pour en faire des bouquets, des herbiers, des pots-pourris… qui vont embaumer la maison, mais attention, certaines espèces sont en danger et sont protégées ! Il est interdit de les cueillir.

Renseigne-toi avant de partir en promenade afin de connaître les espèces protégées qui poussent dans la région où tu te trouves. En voici quelques-unes que tu peux admirer, photographier, mais pas toucher.

Le **cirse violet** avec ses petits crochets pousse dans les alpages.

Cette variété d'**angélique** se trouve dans les Charentes et en Aquitaine.

Ce petit **iris** était présent un peu partout en France, mais il est en train de disparaître.

MUSIQUE en fête

Envie de musique ? Voici comment fabriquer quelques instruments pour un concert improvisé avec les copines.

DE BELLES BAGUETTES

Pas d'orchestre sans instruments de percussion mais pour bien taper sur un tambour, il faut avoir des baguettes !

Matériel
- Des bouchons de liège
- De la colle liquide
- Des baguettes de bois (bambou, crayon, bâton…)
- De la laine (ou du fil de coton)

1 Demande à un adulte de percer autant de bouchons de liège que tu veux fabriquer de baguettes. Chaque trou doit avoir le diamètre de chaque morceau de bois.

2 Dépose un peu de colle au fond de chaque trou.

3 Enfonce les baguettes dans les bouchons.

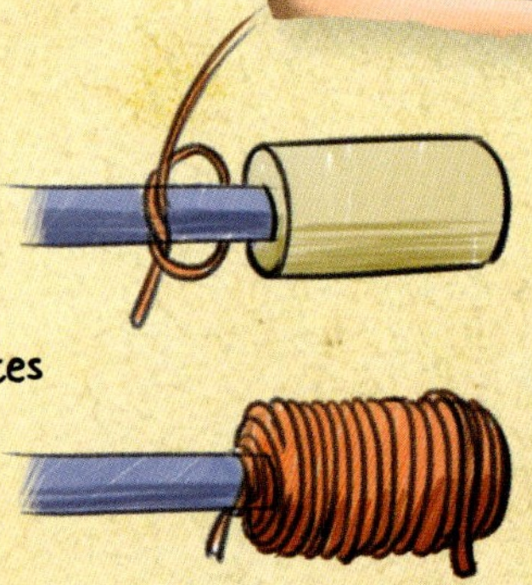

4 Enroule la laine autour des bouchons jusqu'à entourer sur toute leur hauteur.

5 Fixe l'ensemble avec un point de colle.

6 Tu peux créer toutes sortes de baguettes en entourant le bouchon avec toutes sortes de matières : de la ficelle, du fil de fer, des élastiques, de vieux chouchous… Chaque matière rend un son différent.

Matériel

- Un pot en terre
- 1 écrou
- 1 ficelle d'env. 30 cm de long
- De la peinture acrylique

Des cloches originales

Maintenant que tes baguettes sont prêtes, fabrique les cloches sur lesquelles tu vas pouvoir frapper.

1 Avec la peinture, décore les pots selon ton envie. Cela ne changera pas le son des cloches mais ce sera… plus joli à regarder !

2 Fixe un écrou au bout de la ficelle avec un nœud bien serré.

3 Fais passer la ficelle par le trou, au fond du pot, en laissant l'écrou pendre à l'intérieur. Fais un gros nœud à l'extérieur du pot. Si ton trou est trop gros, enroule le reste de la ficelle autour du pot et fais un nœud. Ta cloche est prête ! Utilise une de tes baguettes maison pour frapper le pot. Bing ! Bing ! Quel rythme !

Une variante

Fabrique plusieurs cloches avec des pots de tailles différentes pour varier les sons.

Procure-toi une planche en bois. Demande à un adulte d'y percer quelques petits trous. Attache les pots à la planche avec le morceau de ficelle qui dépasse. Dispose les pots du plus petit au plus grand.

Fais reposer les extrémités de la planche sur des chaises et utilise l'ensemble à la façon d'un xylophone.

Des guitares sympas

Pour accompagner la musique des cloches, il te faut absolument un instrument à cordes ! Que dirais-tu de fabriquer une guitare expérimentale ? C'est très facile.

1 Trouve des boîtes métalliques ou en bois : des pots, de grands saladiers, des cartons solides... n'importe quoi qui soit rigide et vide.

2 Entoure chaque « corps de guitare » avec de grands élastiques tendus, disposés les uns à côté des autres. Pour un meilleur résultat, utilise des élastiques de différentes épaisseurs.

3 Pour jouer ? Pince les élastiques ! Dong ! Dong !

Le peigne siffleur

En plus des rythmes produits par tes cloches, des notes émises par les élastiques, il te faut une petite mélodie ? Ajoute donc un peigne siffleur à ton orchestre !

1 Tu n'as besoin que d'un peigne et d'un carré de papier de soie un peu plus long que le peigne. Pose le peigne sur le morceau de papier.

2

Rabats les quatre côtés sur le peigne.

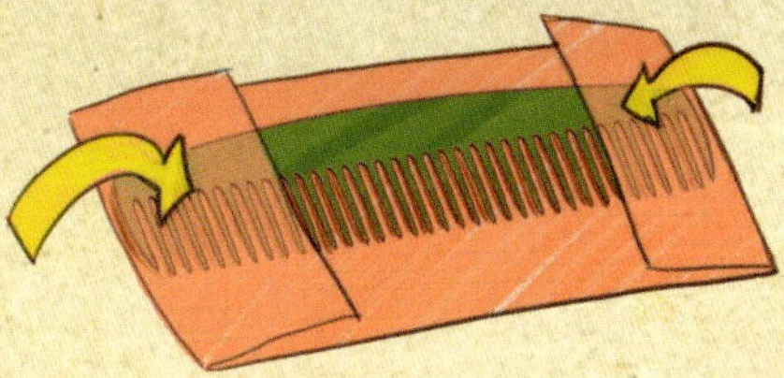

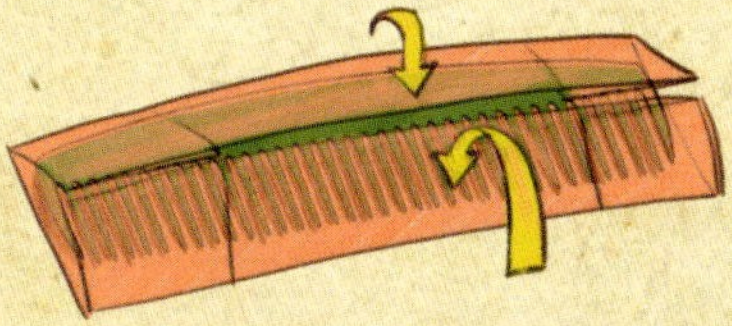

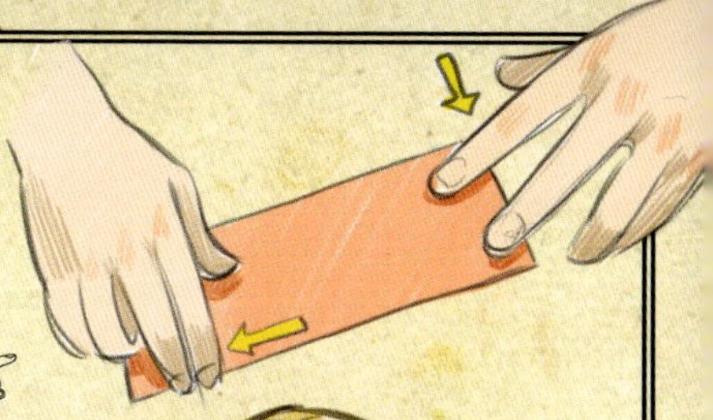

3

Marque bien les plis.

4

Pose le peigne, protégé par le papier de soie devant tes lèvres et souffle doucement. Zzzzz… Une vibration étrange va s'élever.

Tous les instruments de ton sympathique orchestre sont prêts? En avant la musique!

Une coiffure *de* FÉE

Une couronne de fleurs pour une petite fée des bois !

Si tu participes à une fête déguisée ou, tout simplement, si tu veux être la plus belle un soir d'été, voici comment confectionner un serre-tête fleuri digne de la plus grande enchanteresse.

Matériel

- Env. 20 fleurs
- 1 cordelette de 30 cm de long
- 1 ruban d'env. 1 m de long
- Du ruban adhésif vert*

* *Tu en trouveras dans les magasins de bricolage et les drogueries.*

1 Il te faut une vingtaine de tes fleurs préférées. Quand tu les coupes, prends soin de leur laisser une tige d'environ 4 cm. Si tu réalises ta couronne avec des fleurs fraîches, elle ne tiendra qu'une seule soirée avant de flétrir. Mais avec de petites fleurs artificielles, tu pourras porter ta couronne de fée plusieurs fois. Tu en trouveras chez le fleuriste, dans les magasins de décoration ou de loisirs créatifs.

2 Fixe une première fleur sur la cordelette avec du ruban adhésif. Pour cela, pose la tige le long de la cordelette et enroule le morceau d'adhésif autour, en faisant deux ou trois tours.

3 Pose les fleurs les unes derrière les autres et fixe-les toutes de la même manière.

4 Noue le ruban à l'une des extrémités de la cordelette en prenant soin de laisser pendre au moins 15 cm.

5 Enroule le ruban autour de la cordelette pour camoufler le ruban adhésif. Attention : ne passe pas sur les fleurs, évite-les !

6 Une fois arrivée à l'autre extrémité de la cordelette, fais un dernier nœud bien serré.

Pour porter ta couronne de fleurs, il te suffit de nouer les deux extrémités du ruban derrière ta tête, sous tes cheveux, afin de la tenir bien en place. Laisse pendre les deux morceaux de ruban dans ton dos...

Une belle boucle, et voilà le résultat !

★ Hérissons SUPERSTARS ★

Tu adores ce petit animal tout mignon ?
Voici comment le mettre à l'honneur.

Le hérisson est une petite bête très utile car il se nourrit de toutes sortes de petits animaux nuisibles au jardin (limaces, escargots, insectes, vers ou même de petits serpents...), avant de déguster des baies pour son dessert. Il va maintenant faire partie de ta déco et de ta table...

LES HÉRISSONS POMME DE PIN

☞ Sur une pomme de pin, colle des perles blanches pour faire les yeux et des coques de noisettes pour les oreilles.

Facile ! Il ne te reste plus qu'à décorer ta table avec une famille de petits hérissons dont les corps sont faits de pommes de pin.

☛ **VARIANTE**

Pour un hérisson plus piquant, coince des aiguilles de pin entre les écailles de la pomme de pin. Pique, pique !

Matériel

- 1 vieux livre de poche
- 1 feuille de papier blanc
- 1 feuille de papier noir
- 1 crayon à papier
- 1 paire de ciseaux
- de la colle liquide

Le hérisson porte-cartes

1 Ouvre ton livre. Plie le bas de la première page en rabattant le coin du bas contre le pli central du livre.

2 À présent, rabats le côté gauche de cette première page pour bien l'aligner contre le pli central du livre. Marque le pli.

3 À l'aide du crayon, trace la forme du pliage sur la couverture du livre. Découpe le long de ce trait. Plie toutes les pages de la même façon.

4 Découpe 2 petits ronds dans le papier blanc, puis 2 ronds plus petits encore dans le papier noir. Colle un rond noir sur chaque rond blanc. Tu as fabriqué les yeux du hérisson ! Colle-les sur la partie inclinée de ton grand pliage.

5 Tu peux aussi coller de la même façon deux petites oreilles ou un mignon petit nez.

6 Glisse maintenant quelques photos ou de beaux dessins entre les pages du livre pour les exposer !

Le hérisson du dessert

Et pour finir le repas, sers un délicieux gâteau... hérisson !

☛ **PRÉPARE UN QUATRE-QUARTS GLACÉ DE LA FAÇON SUIVANTE.**

INGRÉDIENTS POUR LE GÂTEAU

- 120 G DE BEURRE
- 120 G DE SUCRE
- 120 G DE FARINE
- 2 GROS ŒUFS (OU BIEN 3 PETITS)
- 1 C. À C. DE LEVURE CHIMIQUE

1 Mélange le beurre fondu et le sucre. Ajoute les oeufs. Puis incorpore la farine et la levure.

2 Préchauffe le four à 180 °C. Beurre un moule à cake, verses-y la pâte et enfourne en faisant très attention de ne pas te brûler.

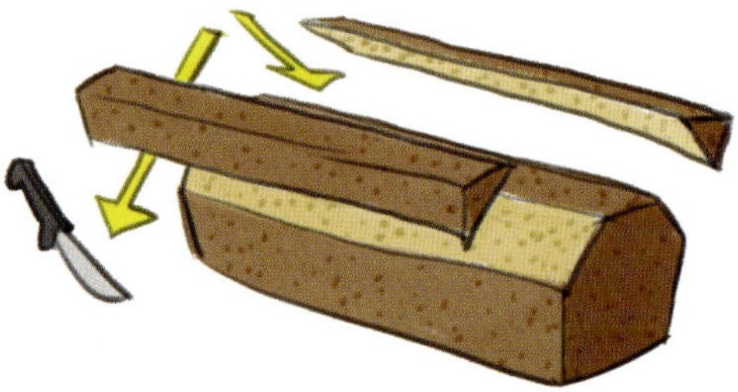

3 Au bout de 40 minutes, tu peux sortir ton gâteau et le laisser refroidir. Lorsqu'il sera froid, coupe les deux angles d'un même côté afin de créer la tête de ton hérisson.

Peut-être même qu'en déposant ces deux bouts de gâteau au fond du jardin, cela attirera nos amis hérissons...

☛ **PRÉPARE LE GLAÇAGE.**

INGRÉDIENTS POUR LE GLAÇAGE

- 200 G DE CHOCOLAT NOIR
- 4 C. À S. DE CRÈME FRAÎCHE LIQUIDE
- 2 FEUILLES DE GÉLATINE
- 1 POT DE CRÈME FRAÎCHE ÉPAISSE DE 50 CL
- 150 G DE SUCRE EN POUDRE

☞ 1 Dans une casserole, fais fondre le chocolat avec la crème liquide. Dépose les feuilles de gélatine dans de l'eau froide, le temps de préparer la suite...

☞ 2 Dans une autre casserole, mélange la crème épaisse et le sucre, puis porte à ébullition.

☞ 3 À ce moment-là, rajoute la gélatine et le contenu de la première casserole. Mélange bien. Verse ton glaçage sur ton gâteau hérisson. Nappe bien partout !

☛ **TERMINE TON GÂTEAU HÉRISSON.**

Décore ton hérisson en plantant les bâtonnets qui représentent les piquants de l'animal. Pour les oreilles, plante les langues-de-chat. Pour les yeux et le nez, utilise des bonbons, des fruits secs ou confits...

INGRÉDIENTS POUR FINALISER

- 2 BISCUITS LANGUE-DE-CHAT
- 1 BOÎTE DE BÂTONNETS CHOCOLATÉS
- DES BONBONS

Miam ! Pas de pitié pour le gâteau hérisson !

Une fleur pour tout DÉCORER

Fabrique la plus originale des fleurs en tissu avec de petits riens, récupérés de-ci de-là.

Matériel

- De longs morceaux de tissu
- 1 feuille de carton
- 1 bouton
- De la colle liquide
- Du fil de couture
- Une aiguille

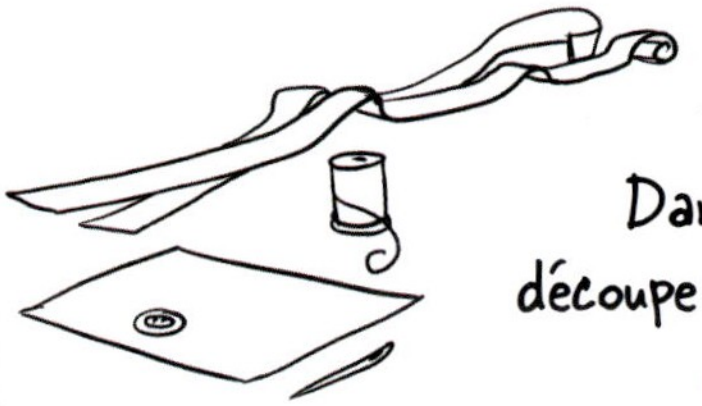

1 Dans le carton, découpe un gros rond d'environ 6 cm de diamètre.

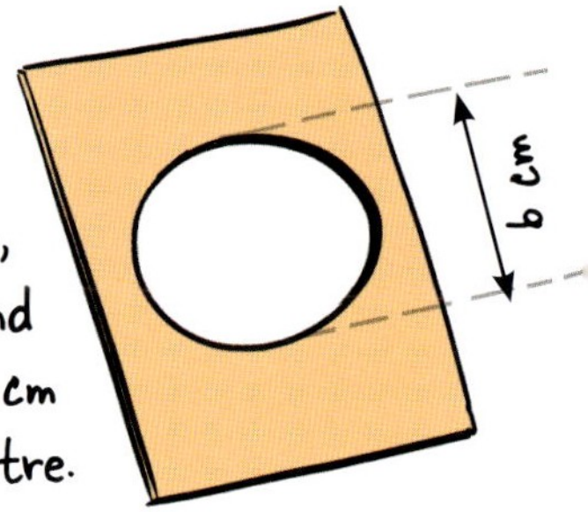

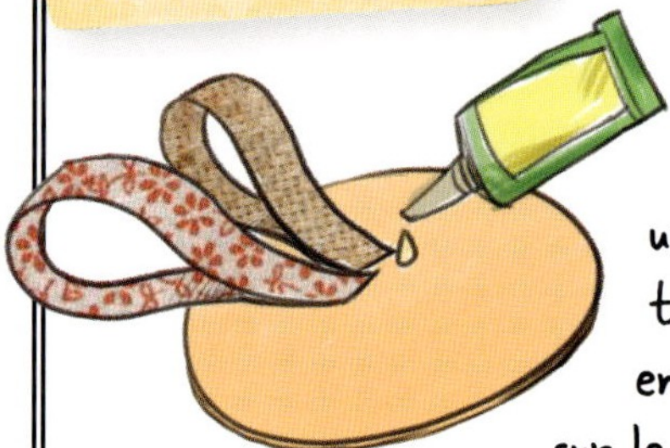

2 Récupère plein de petits morceaux de tissu dont les couleurs s'associent parfaitement : des rubans, de la dentelle, un morceau de foulard, un joli lacet, un torchon, de la ficelle à cadeaux... Coupe toutes tes trouvailles en bandes de 15 cm de long. Plie chaque bande en deux, et colle les deux extrémités, l'une sur l'autre, sur le carton. Cela formera les pétales de ta fleur.

3 Dans la feuille de carton, coupe un rond plus petit que le précédent. Quand tu as fini de former ainsi les pétales avec les morceaux de tissu, colle le petit rond de carton au centre pour fermer et solidifier le cœur.

4 Pose le bouton au centre du rond. Fais un nœud à l'extrémité du fil, enfile l'aiguille et traverse la fleur en passant dans l'un des trous du bouton. Tire le fil. Au-dessous, pique un peu loin, retraverse le cœur dans l'autre sens, puis repasse par un autre trou.

5 Continue ainsi jusqu'à ce que l'ensemble te paraisse suffisamment solide. Fais un nœud et coupe ton fil à ras. Voici ta fleur en tissu qui va devenir... broche, barrette ou collier !

☛ La broche

1 À l'arrière de la broche, colle une épingle à nourrice avec de la colle forte.

2 En hiver, ne cache pas ta jolie broche : accroche-la sur ton manteau. Pense aussi à l'accrocher sur des objets comme ton sac d'école, une écharpe…

☛ La barrette

1 Colle une barrette à cheveux à la place de l'épingle à nourrice, et tu obtiendras une très belle pince à cheveux !

2 Comme la fleur est grande, attache ta queue-de-cheval un peu plus bas que d'habitude afin que ta fleur ne se plie pas.

☛ Le serre-tête

Avec du fil, tu peux fixer ta fleur sur un support de serre-tête.

☛ Un collier

Passe un long ruban, ou bien un joli lacet, dans la boucle de l'un des pétales pour fabriquer un pendentif… très tendance !

À toi de trouver ce que ta fleur originale va embellir !

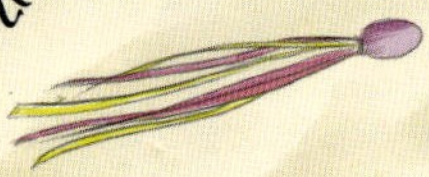

Les comètes de PLAGE

Marre de te prélasser sur la plage ? Une envie de bouger et de t'amuser avec tes copines ? Voici les comètes de plage !

Matériel

- Des sacs en plastique de différentes couleurs
- Du riz ou du sable
- 2 élastiques
- 2 ficelles dont 1 d'au moins 50 cm de long
- Une paire de ciseaux

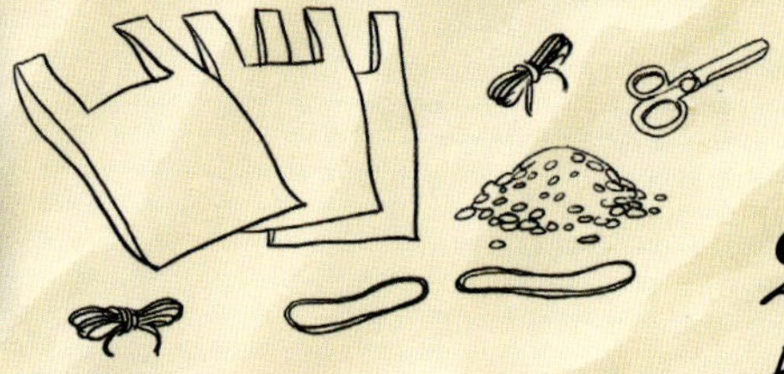

1 Dans un sac en plastique, découpe un carré d'au moins 15 cm de côté.

2 Au centre de ton carré, dépose un petit tas de sable ou de riz, équivalent à 3 poignées.

3 Enferme le tas de sable dans le carré de plastique. À l'aide de la ficelle la plus courte, ferme l'ensemble en faisant un nœud bien solide.

4 Découpe maintenant de longues bandes d'environ 1,5 cm de large dans les sacs de plastique ou dans du papier fin et léger, comme du papier crépon, par exemple. Réunis les bandes.

5 Avec un élastique, attache toutes ces bandes bien solidement par l'une de leurs extrémités. Tu obtiens la queue de ta comète.

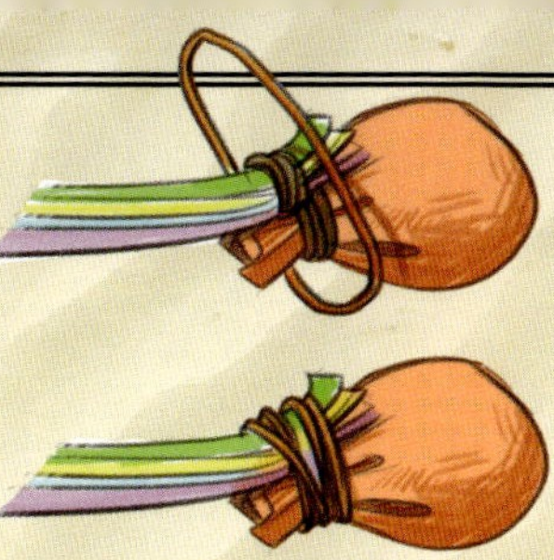

6

Il ne te reste plus qu'à fixer cette queue au petit sac de riz ou de sable avec un autre élastique.

7

Au même endroit, noue une ficelle dont tu laisses pendre, au moins, une longueur de 30 à 40 cm.

UN NOUVEAU SPORT DE PLAGE : LE LANCER DE COMÈTE !

☛ Quand chacune de tes amies aura fabriqué sa comète, placez-vous en ligne les unes à côté des autres. Espacez-vous d'au moins 2 mètres afin de ne pas vous blesser en jouant, ou d'emmêler les queues de vos comètes. Attrapez le bout de la ficelle dans une main, en laissant pendre la comète et sa queue multicolore.

☛ À un signal convenu entre vous, faites tourner les comètes au-dessus de vos têtes, à la façon d'un cow-boy avec son lasso.

☛ Comptez jusqu'à 5…
À 5, lâchez tout !

Les comètes s'envolent… Celle qui aura envoyé la sienne le plus loin de la ligne de départ sera nommée Reine des comètes !

Découpages *et* pliages *de* FÊTE

Un peu de papier de couleur suffit parfois à décorer un coin de table et à transformer un simple repas en fête ! Propose aux invités un dîner dans un joyeux décor festif, sur la table comme aux murs !

Matériel
- Différents papiers
- De la colle
- Une paire de ciseaux

La guirlande

1 Trouve deux papiers de couleurs contrastées comme du papier cadeau, du papier crépon ou même du papier d'aluminium que l'on utilise à la cuisine. Découpe dans chaque papier une longue bande d'une largeur d'environ 4 cm.

2 Pose l'extrémité de la première bande à plat sur la table. Pose l'extrémité de la seconde bande dessus, en la plaçant perpendiculairement à la première.

3 Colle les deux bandes de papier ensemble ou agrafe-les.

4 Replie la première bande de papier sur la seconde.

5 Puis la seconde sur la première et encore, et encore... jusqu'à la fin du papier.

6 Colle ensemble les deux derniers carrés de papier que tu as pliés.

7

Attrape les deux extrémités de ta guirlande, écarte les mains, et voilà !

8

Confectionne plusieurs guirlandes de différentes longueurs, puis regarde autour de toi où les accrocher : sur une tringle à rideaux, au-dessus d'un tableau, autour d'un pied de lampe...

LES SETS DE TABLE EN DENTELLE

MATÉRIEL

- DE GRANDES FEUILLES DE PAPIERS MULTICOLORES
- UNE PAIRE DE CISEAUX
- DE LA COLLE

1

Pose les feuilles les unes sur les autres, puis plie tout le paquet en deux, puis de nouveau en deux (et encore une fois si cela est possible).

2

Sur tout le tour de la feuille du dessus, dessine des motifs géométriques espacés de quelques centimètres.

3

Découpe toutes les épaisseurs d'un coup le long de tes dessins.

Déplie les sets et admire le résultat !

Décor de verres

Pour compléter l'ensemble avec tes sets.

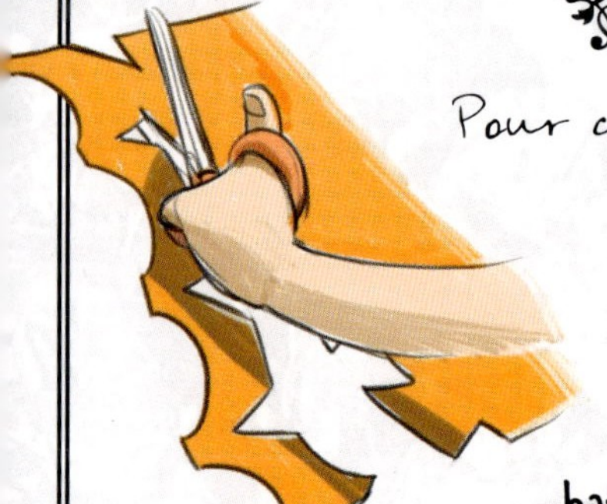

1

Récupère l'un de tes sets de table et coupe-le en plusieurs bandes d'une largeur d'environ 4 cm.

2

Entoure le milieu d'un verre avec l'une des bandes.

3

Après un tour, colle la bande pour la maintenir en place et coupe le surplus.

Tes verres sont décorés en harmonie avec les sets !

Le panier cadeau

Les guirlandes bicolores et les sets ont enchanté le décor, mais pour que la fête soit complète, offre un mini-cadeau à chaque invité à la fin du repas. Et, pour chaque mini-cadeau, prépare un joli panier de papier, bien plus original qu'un emballage traditionnel !

Matériel
- des feuilles de papier de couleur format A4
- un compas
- une paire de ciseaux

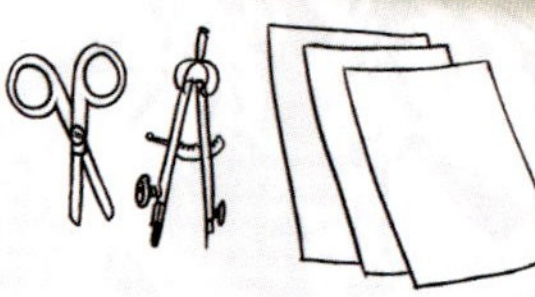

1

Prends une feuille et plie-la en deux.

☞ 2

Arrondis les deux coins supérieurs à l'aide des ciseaux.

3 ☞

Découpe ensuite l'anse du panier : une forme assez grande pour pouvoir y passer la main.

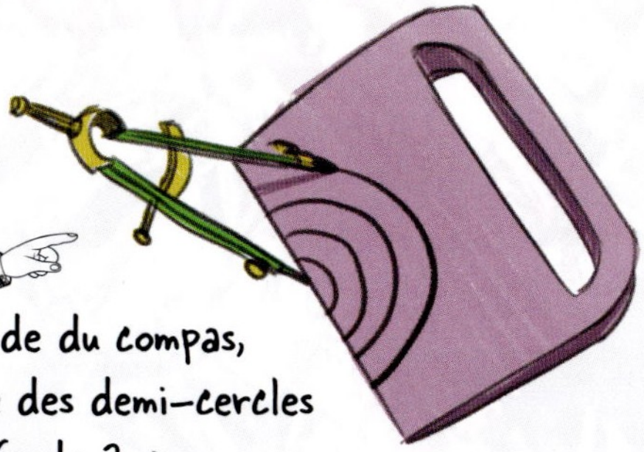

4 ☞

À l'aide du compas, trace des demi-cercles espacés de 2 cm. Les demi-cercles doivent toujours aller par deux et être parallèles.

☞ 5

Détache des portions de demi-cercles d'un coup de ciseaux.

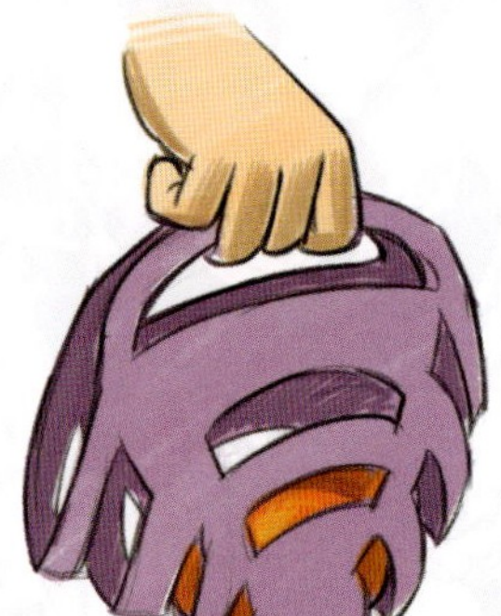

☞ 6 Quand tu placeras le mini-cadeau dans le panier, son poids étirera les fentes découpées dans le papier : tu as fabriqué un véritable petit panier que les invités vont adorer, c'est sûr !

Ne reste qu'à trouver un joli petit présent à confectionner...

Un parfum D'AUTREFOIS

Voici une astuce pour que tes vêtements sentent toujours bon et que ton armoire soit agréablement parfumée : fabriquer ce fuseau de lavande comme le faisaient autrefois nos arrière-grands-mères…

1 C'est en été, au mois de juillet, que la lavande est en fleur. Taille une vingtaine de tiges en conservant un maximum de leur longueur.

Matériel
- une paire de ciseaux
- du gros fil
- 1 long ruban peu large

2 Détache toutes les petites feuilles pour ne garder que les tiges nues et les fleurs de l'extrémité.

3 Forme un bouquet bien régulier avec toutes les fleurs à la même hauteur et tant pis si les tiges, elles, sont de tailles différentes.

Attention !
Pour réaliser le fuseau, il faut que les tiges des fleurs soient bien souples. Il faut donc le préparer immédiatement après avoir coupé la lavande. Sinon, place ton bouquet dans un vase avec de l'eau, pour assouplir les tiges, jusqu'au moment où tu pourras t'en occuper.

4 Noue le gros fil solide, bien serré, juste sous les fleurs.

5

Coince l'extrémité du joli ruban sous le fil et laisse-le pendre le long des tiges.

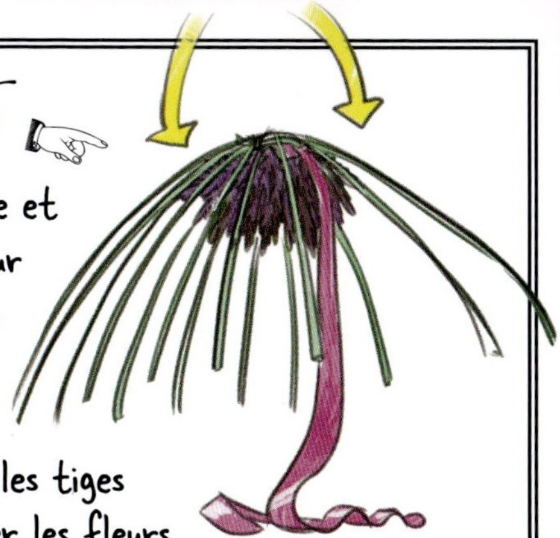

6

Replie chaque tige et le ruban à la hauteur du fil que tu as noué précédemment pour former une sorte de parapluie avec toutes les tiges qui viennent entourer les fleurs.

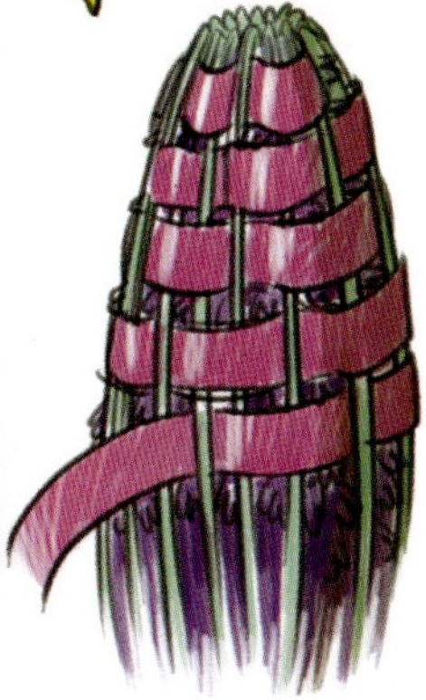

7

Commence à tresser le ruban dans les tiges en passant par-dessus deux tiges, puis sous une. De nouveau, passe par-dessus deux tiges, puis encore sous une, et ainsi de suite, en spirale... jusqu'à ce que toutes les fleurs soient cachées par le ruban et les tiges repliées.

8

Il ne te reste plus qu'à faire un joli nœud bien serré sous les fleurs !

9

Coupe toutes les tiges au même niveau pour que le fuseau soit joli.

Suspends ton fuseau de lavande dans ton armoire grâce au ruban et ...

profite de son délicieux parfum chaque fois que tu ouvriras la porte !

Ton **bol** à **BIJOUX**

Pour ne pas égarer tes bijoux, rassemble-les dans un joli bol que tu auras fabriqué !

1

Dans la cuisine, choisis un récipient de la forme qui te plaît. Choisis un joli papier épais ou des feuilles de papier à dessin de couleurs différentes. Découpe des bandelettes d'environ 2 cm de largeur.

2 Tu peux utiliser toutes sortes de papiers pour réaliser ce bol. Il faut simplement que le papier ne soit pas brillant car, sinon, le vernis qui le recouvre va empêcher la colle de pénétrer. Enduis tout l'intérieur du bol d'une belle couche d'huile.

3

Dispose une première couche de bandelettes dans le bol puis, par-dessus, colle une deuxième couche. Pose chaque nouvelle bandelette pour qu'elle recouvre en partie celle précédemment posée. Au final, superpose deux ou trois couches de papier dans le bol.

4

Laisse sécher puis, délicatement, retire le bol qui t'a servi de modèle du bol en papier que tu viens de confectionner.

5 Toujours en faisant très attention de ne pas écraser ton bol de papier, pose-le dans un endroit où il va pouvoir sécher. Si tu es très pressée, tu peux gagner du temps en utilisant un sèche-cheveux.

6

Découpe maintenant d'autres bandes dans un papier d'une autre couleur ou tout simplement dans du papier journal. Dès que le moulage est bien sec, soigneusement, colle une à une les bandelettes de papier sur la partie extérieure. Pour que ton bol soit solide, il faut que tu superposes au moins deux couches de papier.

7 Pour décorer ton bol à bijoux, dès qu'il est bien sec, tu peux faire des petits trous tout autour du bol à l'aide d'une perforatrice. Dans chaque trou, glisse quelques brins de laine dont tu auras noué l'extrémité, un peu comme un pompon.

Finis les bijoux perdus !

Le piège à CAUCHEMARS

À la façon des Indiens, éloigne les méchants rêves : fabrique un cadeau attentionné et une déco façon « déco du monde » !

Les papooses étaient les enfants des Indiens d'Amérique. Chaque soir, leurs mamans, les squaws leur racontaient des histoires fabuleuses pour qu'ils s'endorment… Mais les squaws avaient une petite astuce, un secret : des pièges à cauchemars qu'elles fabriquaient et suspendaient au-dessus de leurs enfants endormis pour que ceux-ci profitent d'un sommeil paisible, sans nuage.

Matériel

- 4 BRANCHES DE BOIS
- DE LA FICELLE
- DU RUBAN PEU LARGE OU DU RAFIA
- DU FIL DE FER
- DE LA COLLE
- UNE PINCE COUPANTE
- DIFFÉRENTES PETITES DÉCORATIONS (PLUMES, COQUILLAGES, FLEURS SÉCHÉES…)

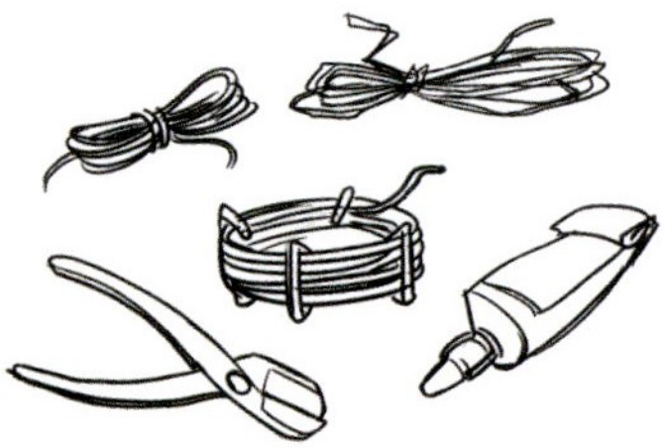

1

Demande à un adulte de couper quatre branches de la même longueur à l'aide de la pince coupante. À l'aide des morceaux de ficelle (ou du ruban ou fil coloré suivant le style que tu veux choisir pour ton piège), attache les branches de façon à former un carré.

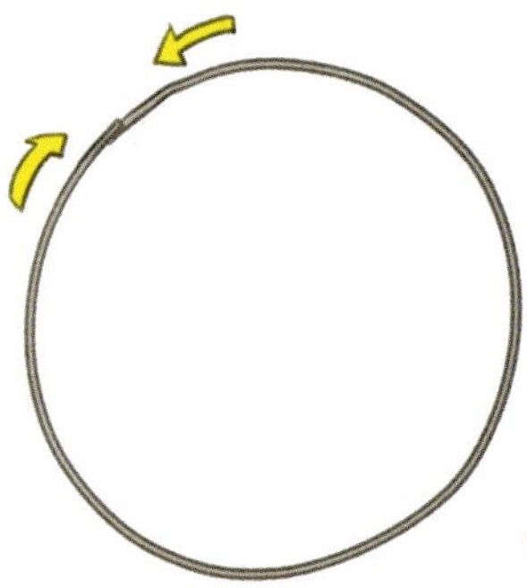

2

Tord le fil de fer pour lui donner une forme de cercle. Attention, ce cercle doit s'insérer parfaitement dans le carré formé par les branches.

3

Choisis ensuite le ruban ou, si tu veux donner un aspect rustique à ton piège, le rafia qui est plus naturel. Si tu préfères une ambiance plus gaie, choisis alors un coton de la couleur de tes rêves... Attache l'extrémité du ruban ou de la ficelle au cercle de fil de fer.

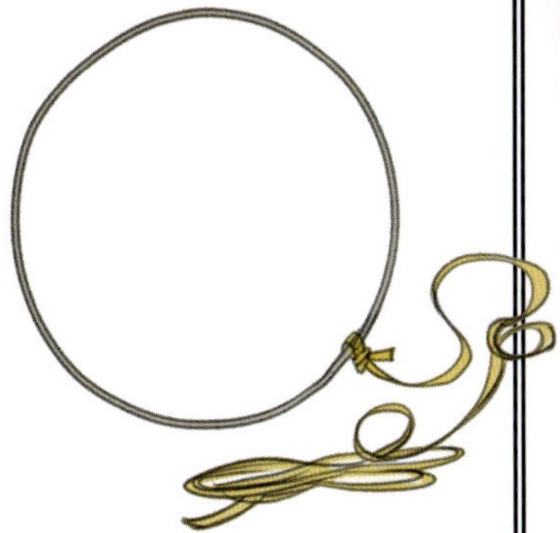

4

Traverse le cercle plusieurs fois pour former une grande étoile avec ta ficelle : chaque pointe de l'étoile est fixée au cercle en faisant deux ou trois tours autour du fil de fer.

5

Il ne te reste plus qu'à décorer cette étoile en y collant ou en y nouant toutes sortes d'objets : de petits coquillages, des algues séchées et des petits morceaux de bois flotté... si tu veux rêver du bord de la mer ;

6

Des glands, des noisettes, de petits cailloux et des fleurs séchées... pour te souvenir de tes vacances à la campagne ;

7

Des perles, des mini-bijoux ou de petits jouets que tu peux trouver dans ta chambre… pour rêver de ton enfance ;

8

Des plumes et de petits papiers colorés, pliés, sur lesquels tu auras écrit quelques jolis mots… pour une nuit toute douce.

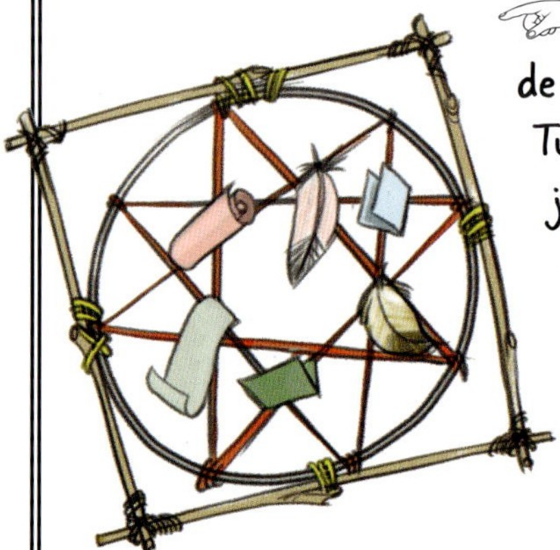

9

Fixe maintenant le cercle au carré de bois à l'aide de quatre morceaux de ficelle, un sur chaque côté du carré. Tu peux décorer aussi le cadre de bois en y fixant d'autres jolis objets ou y suspendre, au bas, de courtes ficelles sur lesquelles tu auras enfilé des perles. Noue une longue ficelle au milieu de la branche du haut, et fixe ton piège au mur ou au plafond, comme un mobile.

10

Et voilà ton piège à cauchemars fini ! Chaque soir, regarde-le avant de t'endormir et pense aux papooses à qui leurs mamans disaient que les pires cauchemars de la nuit ne réussiraient pas à traverser ce piège et seraient emprisonnés dans les mailles de la ficelle !

Une variante

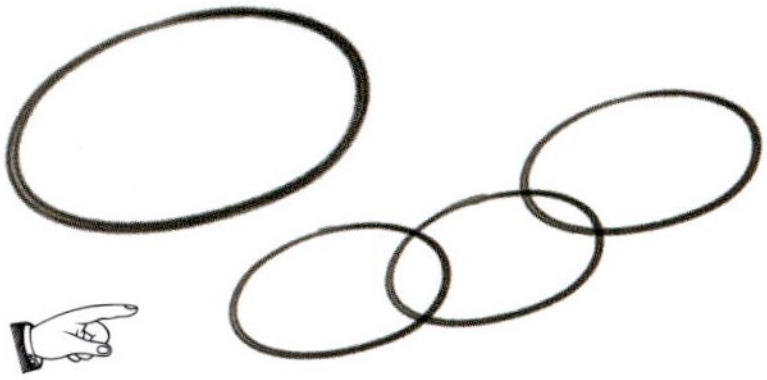

1

Réalise l'étape 2 de la p.118.
Répète trois fois cette opération mais avec du fil de fer de longueur moindre. Ainsi, tu obtiendras trois nouveaux cercles, bien plus petits que le premier.

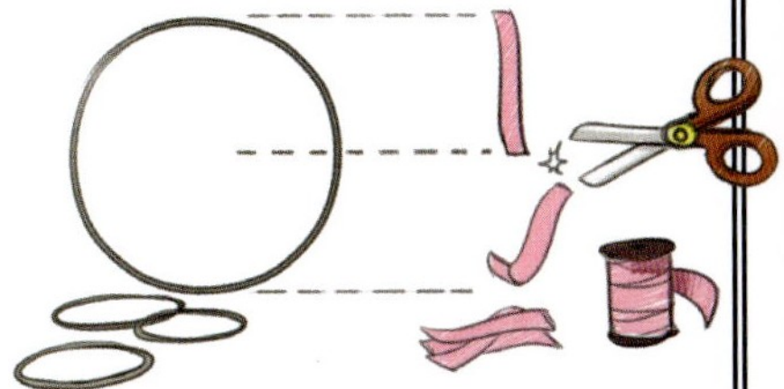

2 Coupe cinq morceaux de ruban d'une longueur égale à la moitié de la hauteur du grand cercle.

3 Noue une extrémité de l'un des rubans au centre, en bas du grand cercle. Attache un autre morceau de chaque côté de ce même cercle.

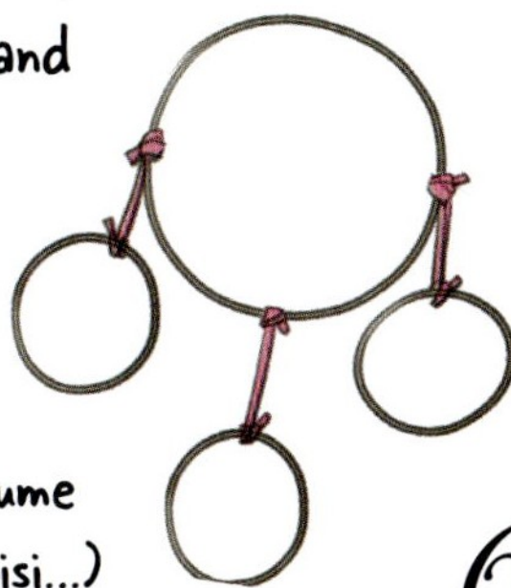

4 Attache alors un des petits cercles à chacun de ces rubans.

5 Fixe une plume (ou ce que tu auras choisi...) à l'extrémité des deux rubans laissés de côté.

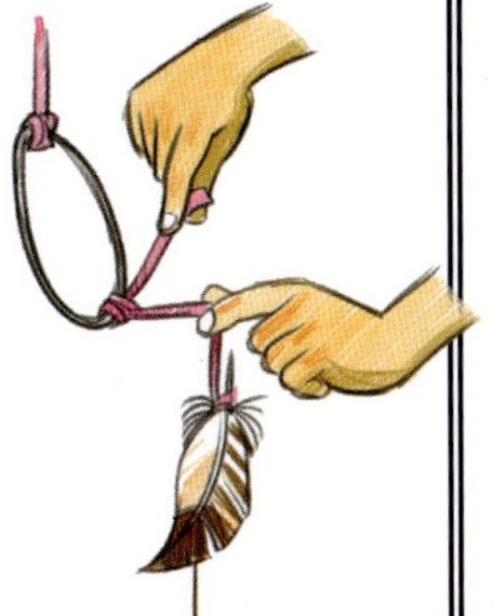

6

Puis, attache ces deux breloques : l'une sur le cercle de droite, et l'autre, sur celui de gauche.

7

Fais les étapes 3 à 5 de la p.119. Coupe un morceau de ruban plus long que les précédents. Noues-y alors la décoration de ton choix. Pour un rendu plus esthétique, choisis un élément plus gros que les autres, et fixe l'ensemble au petit cercle du milieu.
Tu as réalisé une autre forme de piège à cauchemars, tout aussi efficace que les autres !

Mes notes

Mes croquis

Mes notes

Mes croquis

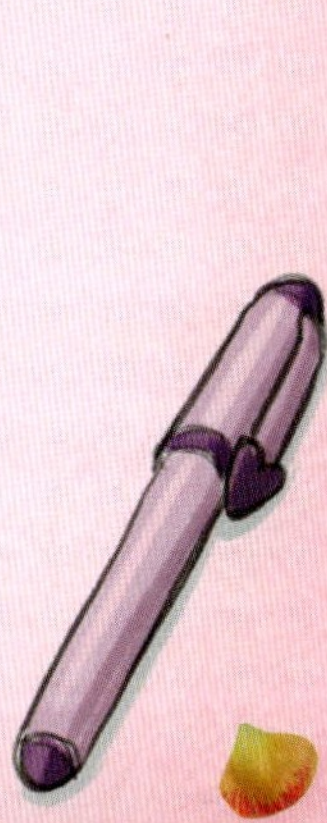

Mes notes

Direction de la publication : Sophie Chanourdie
Édition : Anne Castaing
Responsable artistique : Laurent Carré
Mise en pages : Romuald Gallauziaux et Anne Bordenave
Fabrication : Ombeline Canaud

L'ensemble des photos de cet ouvrage sont © Thinkstock.
L'ensemble des illustrations de cet ouvrage sont de Jocelyn Millet,
sauf cabochon petite fille et cabochon courrier en couverture :
dessins Myrtille Tournefeuille,
sauf Archives Larousse en :
p.28 mg : dessin Chantal Beaumont ; p.28 bg : dessin Christian Godard ;
p.28 d : dessins Gilles-Loïc Lucien ; p.28 b : dessin Christian Godard ;
p.29 hd : dessin Bernard Rocamora ; p.29 b : dessin Patrick Morin ;
p.29 hm et m : dessin Brenda Katté ; p.29 md : photo Olivier Ploton.

21 rue du Montparnasse, 75006 Paris
ISBN : 978-2-03-598247-6
Dépôt légal : février 2022
329699-01/11048719 – septembre 2021

Conforme à la loi n° 49-956 du 16 juillet 1949
sur les publications destinées à la jeunesse.

Imprimé en R.P.C.

Dans la même collection

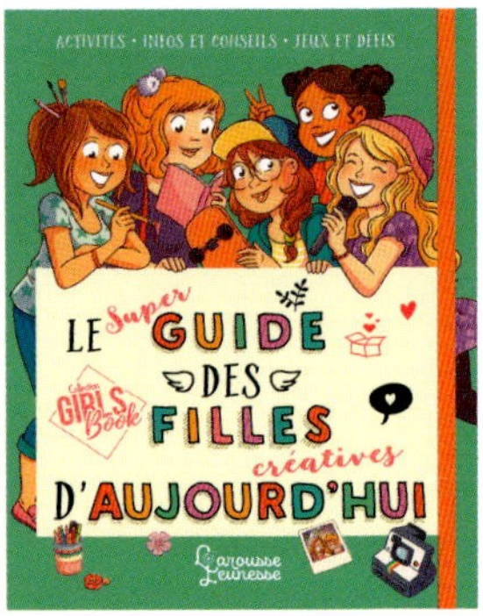